# DAS GLÜCK DES SCHREIBENS

Luise Berg-Ehlers

# DAS GLÜCK
# DES SCHREIBENS

Englische Schriftstellerinnen
und ihre Lebensorte

**nicolai**

Frontispiz, S. 2: Jane Austens Schreibtisch im Jane Austen House, Chawton

© 2009 Nicolaische Verlagsbuchhandlung GmbH, Berlin

Lektorat: Diethelm Kaiser, Berlin
Gestaltung: Pauline Schimmelpenninck Büro für Gestaltung, Berlin
Satz und Repro: Bild1Druck GmbH, Berlin
Druck und Bindung: freiburger graphische betriebe, Freiburg

ISBN 978-3-89479-292-3

Unter www.nicolai-verlag.de können Sie unseren Newsletter abonnieren,
der Sie über das Programm und aktuelle Neuerscheinungen
des Nicolai Verlags informiert.

# Inhalt

# Vorwort

»[...] jeder weiß, dass England kein Land für Frauen ist«, sagt ein junger Mann zu der englischen Heldin in dem Roman GUTEN MORGEN, MITTERNACHT. Und die Autorin Jean Rhys lässt ihn fortfahren: »Sie kennen doch das Sprichwort – ›Unglücklich wie ein Hund in der Türkei oder eine Frau in England‹?«

Wie alle apodiktischen Formulierungen scheint auch diese eine gesicherte Lebensweisheit zu verkünden, und man ist geneigt, die englische Weiblichkeit einem tiefen Mitgefühl zu überantworten – einem Mitgefühl, das die zahlreichen englischen Autorinnen einschließt, die Wesentliches zur englischen Literatur beigetragen haben. Doch gerade dieser Beitrag ist es, der jene Aussage erheblich relativiert, denn die Geschichte der englischen Literatur, vor allem der Romanliteratur, ist auch eine Geschichte weiblicher Kreativität, ein historischer Ausweis weiblicher Fähigkeiten. Eine große Anzahl von Schriftstellerinnen hat Werke geschaffen, die für die englische, für die Weltliteratur Marksteine bedeuten. Von A wie Austen, der Schöpferin des scheinbar so anheimelnd satirischen Gesellschaftsromans, bis W wie Woolf, die den Roman sensibel in die Moderne führte, haben Frauen Entscheidendes für die englische Dichtung geleistet. Der Reichtum ihrer Themen, die Vielfalt unterschiedlicher Sichtweisen, die Fülle an Personen und Problemen machen die Besonderheit der insularen Literatur aus und zeigen, wie weibliche Gestaltungskraft auf diese Literatur eingewirkt hat.

Allerdings war das Ausleben dieser Kreativität nicht immer einfach. Denn seit Frauen in großer Zahl schriftstellerisch tätig sind, seit dem 18. Jahrhundert also, ist das Leben englischer Autorinnen häufig geprägt von Behinderung und Zurücksetzung, von Gefährdung und Misslingen. Erst wenn Schriftstellerinnen auch ihre materielle Existenz gesichert haben, wenn sie über ein eigenes Zimmer und genug Geld verfügen – so Virginia Woolf in ihrer berühmten Schrift EIN EIGENES ZIMMER –, erst dann können sie so unabhängig und erfolgreich sein wie ihre männlichen Kollegen. Aber selbst das Fehlen eines solchen Zimmers hinderte viele Frauen nicht daran zu schreiben, sie lebten ihre Kreativität, wenn es sein musste, auch an einem kleinen Tisch in der Ecke des Wohnzimmers aus.

Frauen brauchten Mut, Entschlossenheit und die beharrliche Energie, sich gegen Vorurteile, Anfeindungen und Kränkungen zu behaupten. Dieser kämpferische Elan zeichnet insbesondere englische Frauen aus, deren Erziehung häufig auf Selbstständigkeit zielte und auf die Entwicklung einer gewissen Durchsetzungskraft. Und eine solche brauchten sie! Umso mehr konnte dann aber die Anerkennung befriedigen, die nach einem solchen Einsatz erreicht wurde. Unabhängig von der Höhe der Auflagen und der Honorare vermochte schriftstellerischer Erfolg bei den Frauen zur Steigerung des Selbstwertgefühles und zur Stabilisierung zumindest der inneren Existenz beizutragen und sogar Augenblicke des Glücks zu bewirken.

Besonders wichtig aber ist ein anderer Aspekt, der deutlich macht, dass für englische Autorinnen (und nicht nur für diese) das eingangs zitierte Sprichwort kaum Gültigkeit hat. In einem Buch über das Verfassen von Thrillern beschreibt Patricia Highsmith ein ganz wesentliches Element im Schaffen einer Autorin: »Es ist Individualität, es ist das GLÜCK DES SCHREIBENS, das sich eigentlich gar nicht schildern lässt, das man nicht in Worte fassen und an einen anderen weitergeben kann, damit er es mit einem teile oder es benutze.« Dieses Glück des Schreibens, das Patricia Highsmith nur andeuten kann, wird in unterschiedlicher Weise von Schriftstellerinnen als geradezu existenzielle Erfahrung geschildert, die dem Leben eine besondere Intensität verleiht.

Doch nicht nur deshalb muss das eingangs zitierte Diktum nachdrücklich relativiert werden. Schon im 18. Jahrhundert wurden sehr viele Romane von Frauen geschrieben (und gelesen), und diese waren in diesem Genre so dominant, dass es begründete Vermutungen gab,

Männer würden sich eines weiblichen Pseudonyms bedienen, um Erfolg zu haben. Und diese Entwicklung setzte sich im 19. Jahrhundert verstärkt fort, sodass Autorinnen vom literarischen Markt und aus den zeitgenössischen »Bestsellerlisten« nicht mehr wegzudenken waren. Man darf allerdings daraus nicht folgern, die Arbeit einer Autorin in England sei leicht und ohne Probleme gewesen. Als Frau war sie durch gesellschaftliche Normen in ihrer Tätigkeit auf Familie und Haushalt verwiesen, und nur in diesem Rahmen waren ihr Möglichkeiten der Entfaltung zugestanden. Zwar konnte das Schreiben noch als häusliche Tätigkeit verstanden werden, doch wenn das Buch gedruckt werden sollte, musste die Verfasserin an die Öffentlichkeit treten und sich auf dem literarischen Markt gegen Konkurrentinnen und Konkurrenten, gegen Kritiker und Verleger behaupten.

Der entschiedenste, obwohl scheinbar so freundliche Widersacher der Schriftstellerin aber war das zeitgenössische Frauenbild, dargestellt als der »Engel im Haus«. 1854 veröffentlichte der viktorianische Lyriker Coventry Patmore eine poetische Lobpreisung seiner engelsgleichen Ehefrau, und das Gedicht »The Angel in the House« wurde zu einer Art »Weiblichkeitscharta«, deren Einfluss bis ins 20. Jahrhundert reichte. Die Frau, der häusliche Engel, war fromm und aufopferungsvoll, anmutig und sanft und vor allem rein. Ihre Hauptaufgabe bestand darin, ihrem Mann zu gefallen, seine Wünsche zu erfüllen und eigene zurückzustellen, seinen Zorn zu besänftigen, gänzlich in Haus und Familie aufzugehen und sich hin und wieder an seiner starken Brust auszuweinen. Diesem Vorbild nachzueifern war den Frauen aufgegeben, doch ein solcher Eifer scheint nur schwer vereinbar mit dem Wunsch, Schriftstellerin zu sein, denn immer drängte sich der Engel in die kreativen Momente des Schreibens und erinnerte die Autorin an ihre eigentliche Aufgabe als Haus-Frau. Und dann bleibt ihr, will sie als Autorin überleben, nur eines – sie muss den Engel vertreiben. Virginia Woolf hat es brutaler formuliert: Den Engel im Haus zu töten gehöre zum Geschäft der Autorin.

Nicht jede schreibende Frau formuliert ihren Ärger über Schreibhindernisse so deutlich; doch all jenen, die hier vorgestellt werden, ist eine Art wütender Entschlossenheit eigen, alle Schwierigkeiten, die sie im Hause und in der Gesellschaft erfahren, zu überwinden. Ein großer Teil der englischen Schriftstellerinnen blickt nicht im Zorn zurück; ihr Zorn lässt sie vielmehr nach vorne in die Zukunft schauen, und sie entwickeln dabei Eigenständigkeit und Selbstbewusstsein. Schreiben als (fast) einzige Möglichkeit selbstbestimmter kultureller Aktivität von Frauen gewinnt damit zugleich emanzipatorischen Charakter.

Viele Autorinnen haben nicht nur die englische Literatur, sondern auch den Atlas von England bereichert. In diesem nämlich gibt es eine spezielle Landkarte. Auf ihr sind keine Grafschaften verzeichnet, werden kaum kleine Dörfer oder große Städte erwähnt, und man erhält auch keine Auskunft über geografische Besonderheiten. Stattdessen sind auf der Karte Namen eingetragen, die man sonst nur in Literaturgeschichten findet, verbunden mit Regionen der Insel: Brontë Country, Daphne du Maurier's Cornwall, George Eliot Country, Virginia Woolf's London und noch viele mehr. Jene Landkarte präsentiert also, und das ist ihre Besonderheit, die literarischen Landschaften, die der Leser bei der Lektüre der jeweiligen Werke oder auch als Reisender auf den Spuren der Autorinnen besuchen kann. Zugleich veranschaulicht sie die – inzwischen oftmals kanonische – Bedeutung, die einzelne Autorinnen erlangt haben. Die enge Verbindung von Region und Literatur, die bei so vielen Autoren und Autorinnen der Weltliteratur zu beobachten ist und auf die unabdingbare Wechselwirkung des Innen und Außen im kreativen Prozess verweist, vollzieht sich in den Werken englischer Autorinnen auf besonders prägnante Weise. Die Lektüre dieser Bücher kann so zu einer besonders intensiven und erfahrungsreichen Reise über die britische Insel werden.

Oxford, Somerville College – eines der ersten Colleges für Frauen

## VERSTAND, GEFÜHL UND KAUM EIN VORURTEIL

# Jane Austen

In den frühen Morgenstunden des 18. Juli 1817 stirbt im südenglischen Winchester Jane Austen, 41 Jahre alt, unverheiratet; nach damaligem Verständnis eine alte Jungfer, nach heutigem eine Frau in den besten Jahren. Sechs Tage später wird sie in einem Seitenschiff der Kathedrale bestattet; nur wenige nahe Verwandte begleiten sie. Ihr Bruder Henry, nach wechselvoller Karriere Geistlicher geworden wie der Vater, entwirft mit Hilfe seiner Brüder die Inschrift für die Grabplatte, die – so wird es heißen – dem Gedächtnis der jüngsten, nach langer Krankheit entschlafenen Tochter des verstorbenen Reverend George Austen gewidmet ist. Es folgen noch einige Sätze über die Gutherzigkeit, den Sanftmut und die Reinheit der Verblichenen und über den schweren Verlust, den ihr Tod für die ihr Nahestehenden bedeutet. Kein Wort darüber, dass hier eine bedeutende Schriftstellerin liegt. Kein Wort darüber, dass sie die Autorin viel gelesener Romane ist, die sogar vom Prince of Wales geschätzt wurden. Kein Wort – verständlicherweise – darüber, dass diese Autorin mitnichten nur sanftmütig war, sondern auch spöttisch, wenn nicht gar sarkastisch sein konnte. Auch in seinem Vorwort zu posthum erschienenen Romanen seiner Schwester zeichnet Henry Austen das Bild einer milden und moralischen Frau. Erst später wird eine Tafel gestiftet, die auf die literarische Geltung der Toten hinweist.

Fast scheint es, als beende der Tod von Jane Austen ihren Ruhm und verhindere ein Nachleben in der Erinnerung der literarischen Öffentlichkeit. So blieben vorerst von ihr nur einige Romane, die auf den Regalen von Leihbibliotheken und Antiquariaten verstaubten, und die Haarlocken, die ihre Schwester Cassandra der Toten als Andenken abschnitt. Und selbst mehrere Artikel in Literaturzeitschriften von so prominenten Autoren wie Sir Walter Scott und George Eliot verhalfen den Werken, geschrieben »by a Lady«, kaum zu weiteren Auflagen. Erst die Erinnerungen ihres Neffen James Edward Austen-Leigh an Tante Jane, erschienen 1870, sorgten für die Wieder-, wenn nicht Neuentdeckung der Lady aus Hampshire. Die lebhafte, selbstbewusste und witzig-ironische Repräsentantin der Regency-Zeit verwandelte sich allerdings in der betulichen Beschreibung ihres wohlmeinenden Verwandten in eine sittsame Viktorianerin, für die Schreiben vor allem eine damenhafte Beschäftigung in zurückgezogener Häuslichkeit war. Und wenn James Edward die Romane von Jane Austen als genuine »home-made article« klassifiziert, dann ist dies ein Urteil, das ähnlich gönnerhaft über selbst eingekochte Marmelade oder Basteleien für den Kirchenbasar gefällt werden könnte. Immerhin räumt er ein, dass seine Tante sich ihres zunehmenden Erfolges bewusst war und sich mit Befriedigung über die wichtige Erfahrung, selbst Geld zu verdienen, äußerte. Diese Freuden konnten sich durchaus zum Glück des Schreibens summieren.

Die Betrachtungen des Neffen fanden ein interessiertes Publikum und weckten nostalgische Erinnerungen an jenes England, dessen Gras noch grün war, dessen Menschen in ländlicher Idylle lebten und dessen soziale Ordnung als gegeben hingenommen wurde. Und sie erweckten den Eindruck, als würde Jane Austen genau dieses England verkörpern. Damit begann die Kanonisierung dieser Autorin, ein Anwachsen ihres Renommees als vollkommenste Künstlerin der englischen Literatur, das sich – so Virginia Woolf in einem Essay – wie Stepp- und Wolldecken über den vor Behaglichkeit fast erstickenden Lesern auftürmt. Erstaunlich aber ist das bis heute anhaltende Interesse an einer Autorin, deren Bücher Anfang des 19. Jahrhunderts veröffentlicht wurden und die auf den ersten Blick nichts Aufregenderes behandeln als die intensiven Bemühungen junger Frauen im ländlichen Südengland, einen möglichst akzeptablen, das heißt wohlhabenden Ehemann zu finden. Und so scheint denn auch der ironische Anfangssatz von STOLZ UND VORURTEIL eine Einstimmung in die Werke von Jane Austen zu bieten: »Es ist eine allgemein anerkannte Wahrheit, dass ein allein stehender Mann, der ein beträchtliches Ver-

Pfarrkirche von Steventon, Hampshire

mögen besitzt, einer Frau bedarf.« Noch wichtiger jedoch ist eine weitere Erkenntnis, die man aus ihren Romanen gewinnen könnte: dass nämlich eine alleinstehende Frau einen Mann mit einem beträchtlichen Vermögen braucht, um nicht am Rande der damaligen Gesellschaft leben zu müssen. Jane Austen aber war unverheiratet, nicht vermögend – und lebte dennoch in der Mitte der Gesellschaft.

In der kleinen Gemeinde Steventon wartete im November 1775 die Familie des Pfarrers Austen auf die Ankunft des siebten Kindes, doch das ließ sich Zeit, fast einen Monat lang. Als dann am 16. Dezember endlich die zweite Tochter geboren wurde, musste Reverend Austen amüsiert in einem Brief an die Verwandtschaft eingestehen, dass sich auch erfahrene Eltern bei der Errechnung des Geburtsdatums irren können. Es war ein strenger Winter, in dem Jane Austen zur Welt kam, und wahrscheinlich gefror in der Kälte sogar das Wasser im Taufbecken. Die Wege waren unbefestigt, je nach Witterung nur unter Schwierigkeiten passierbar und Mutter wie Kind kaum zuzumuten; deshalb konnte man Jane erst am 5. April des folgenden Jahres zur Taufe in die Kirche bringen.

Steventon liegt noch heute in der ländlichen Abgeschiedenheit Hampshires und abseits der großen Straßen, die nach Basingstoke oder Winchester führen. Der Reisende, der nach einem Blick in den »Atlas literarischer Landschaften« das Jane-Austen-Country durchstreift, findet in der sonnigen, im Sommer nach reifem Getreide duftenden Idylle einen recht kleinen Ort, in dem nur noch die am Ende eines schmalen, überwachsenen Karrenweges liegende Kirche die Erinnerung an die Austens wachhält. Das alte Pfarrhaus wurde schon im 19. Jahrhundert abgerissen, und ein aktueller Hinweis an der Anschlagtafel der Gemeinde erklärt, dass im Geburtsort von Jane Austen keine Spuren mehr von ihr zu finden sind. Doch diese Aussage übersieht völlig die Bedeutung, die das Land, die Landschaft, die Atmosphäre des ländlichen Lebens selbst für Jane Austen und ihre Romane hatte und die entsprechende Spuren hinterlassen haben.

Ein Spaziergang am Rande des Dorfes, bei dem der Blick über die Hampshire Downs hinweggeht, vermag noch ansatzweise einen Eindruck von jener Welt zu vermitteln, in der Jane Austen aufwuchs. Zwar ist aus dem Weideland für Schafe Ackerland für Getreide geworden, und die vielen Hecken und Bäume wurden erheblich dezimiert, dennoch kann man mit ein wenig Phantasie noch ahnen, wie die Landschaft damals aussah. Und angesichts der hier herrschenden ländlichen Einsamkeit ist heute besser zu verstehen, wie wichtig Lektüre für die Unterhaltung, für das familiäre Leben im Pfarrhaus war, wie sehr Familie Austen das Lesen und Vorlesen – nicht zuletzt eigener Texte – schätzte. Zugleich aber sollte man sich staunend vergegenwärtigen, dass trotz der Abgeschiedenheit, trotz miserabler Verkehrsverhältnisse, schlechter Straßen und unbequemer Kutschen ein reges gesellschaftliches Leben mit Tanzvergnügungen, Aufführungen selbst verfasster Stücke, Einladungen zum Dinner und gegenseitigen Besuchen stattfand – mit all jenen Geschäftigkeiten also, deren Beobachtung Jane Austen den Stoff für ihre Romane lieferte.

Sie schrieb bereits als Kind, schrieb als junges Mädchen, schrieb als Frau, schrieb – mit mehrjähriger Unterbrechung – bis zu ihrem Tod. Noch auf dem Sterbebett diktierte sie ihrer Schwester. Die erzählerischen Fingerübungen der Jugendlichen mit den ironischen, häufig auch sarkastischen Formulierungen waren die Vorbereitung für die Texte der Erwachsenen. Im Pfarrhaus hatte sie zwar nicht das eigene Zimmer, wohl aber eine ruhige Ecke zum Schreiben und vor allem die ermutigende Unterstützung ihres Vaters, der zu den vergnügten Zuhörern abendlicher Lesestunden zählte und der so überzeugt war vom Talent seiner Tochter, dass er den später unter dem Titel STOLZ UND VORURTEIL erschienenen Roman einem Verleger anbot – leider erfolglos.

Das Leben im Pfarrhaus war – lebhaft; zu den sieben eigenen Kindern kamen häufig mehrere Knaben, die in der kleinen Privatschule des Reverend unterrichtet wurden. Die dadurch erzielten zusätzlichen Einkünfte waren dringend notwendig, um der großen Familie nicht nur das Auskommen zu sichern, sondern im Ansatz eine der sozialen Schicht angemessene Lebensführung zu gewährleisten. Man gehörte zur Gentry, dem niederen Landadel, zwar ohne Vermögen, doch mit einem gewissen Selbstbewusstsein, das Jane Austen ermöglichte, sich ungezwungen in unterschiedlichen Kreisen bewegen zu können. Allerdings musste sie immer sparsam sein, immer finanzielle Abhängigkeiten bedenken, immer das Pfund vielfach umdrehen.

Für die Mädchen bedeutete das Aufwachsen inmitten von Knabenlärm und wilden Spielen eine durchaus freiere Existenz, als sie weiblichen Wesen damals normalerweise zugestanden wurde. Allerdings war es ihnen verwehrt, abgesehen von einem nur kurzen oberflächlichen Unterricht an Privatschulen, eine den Brüdern gestattete vergleichbare formale Bildung zu erfahren. An deren Stelle trat für Jane Austen eine extensive Nutzung der väterlichen Bibliothek, die aber kein hinreichender Ersatz sein konnte. Der Neffe schreibt später, dass sie Französisch mit Leichtigkeit sprach und ein wenig Italienisch konnte; Deutsch hingegen war so abwegig wie Hindustanisch als Teil der weiblichen Bildung – von George Eliot hört man später anderes.

Den größten Teil ihres Lebens verbrachte Jane Austen auf dem Lande, nicht nur in Hampshire, sondern auch auf Besuch bei ihrem Bruder in Kent, wo dann auch Ausflüge nach Tunbridge Wells auf dem Programm standen. Steventon aber und später das nahe gelegene Chawton waren für sie heimatliche Ruhezonen, die in familiärer Vertrautheit Halt verliehen. Umso größer muss ihr Entsetzen gewesen sein – sogar eine Ohnmacht wird kolportiert –, als die Eltern für den Ruhestand einen Umzug nach Bath beschließen. Vielleicht möchte man endlich in die Stadt, vielleicht schätzt man die warmen Quellen, vielleicht setzt man für die beiden Töchter Hoffnungen auf den Heiratsmarkt. Als die Familie 1801 nach Bath zieht, ist dort die große Zeit gesellschaftlichen Lebens allerdings bereits vorbei. Mitte des 18. Jahrhunderts sorgte Beau Nash dafür, dass sich die *beau monde* des Königreiches in Bath versammelte und ihr Leben nach seinen Regeln – Mode, Architektur und Benehmen betreffend – gestaltete. Im Laufe der Jahre aber, die High Society hatte sich andere Zentren gesucht, war die Stadt von einem Modeort der Aristokratie zu einem Kur- und Ruhestandsort der Mittelschicht herabgesunken, sodass sich auch Reverend Austen einen Aufenthalt dort leisten konnte. Man wohnte gegenüber den Sydney Gardens im Osten mit Blick auf Stadt und Kathedrale, traf sich mit Bekannten und Verwandten und nahm auch wohl einen Schluck Heilquelle aus dem mit Fischen verzierten Brunnen im Pump Room. Möglicherweise ist die Beschreibung eines Tagesablaufes, wie er in KLOSTER NORTHANGER geschildert wird, nicht unähnlich dem der Austens: »Nun brachte jeder Vormittag seine regelmäßigen Pflichten: Einkäufe mussten gemacht, Sehenswürdigkeiten der Stadt besichtigt und die Brunnenhalle besucht werden, wo sie eine Stunde auf und ab spazierten, alle beobachteten und mit keinem sprachen.« Ein Aufenthalt in den oberen oder unteren Gesellschaftsräumen schloss dann den Tag ab.

Insgesamt war das Leben nicht sonderlich aufregend, vor allem aber kaum anregend. Wenn nicht die vielen Ferien am Meer gewesen wären, die die bewegungsfreudige und unternehmungslustige Jane ausgiebig zum Schwimmen nutzte – Reisen nach Exeter, aber auch

nach Lyme Regis, Sidmouth und in andere Seebäder in Devon und Wales gehörten zum Programm –, dann wäre Bath in der Erinnerung vielleicht noch schlechter weggekommen. Ihrer Abreise jedenfalls gedenken die Schwestern noch Jahre später in Briefen wie einem knappen, doch glücklichen Entkommen. Andererseits äußert sich Catherine Morland, die Heldin in KLOSTER NORTHANGER, derart positiv über Bath, dass es so furchtbar dort auch nicht gewesen sein kann. Die Stadt am Avon findet ebenso Eingang in Austens Romane wie Exeter oder Lyme Regis; und in späteren Jahren hat die Andenkenindustrie in Bath aus dem Aufenthalt der Familie zwischen 1801 und 1806 nicht geringen Nutzen gezogen. Zwar schrieb Jane Austen wohl in dieser Zeit nichts, aber sie hortete Eindrücke. Oder, wie Virginia Woolf es formuliert: »Still und heiter, ohne Anspruch sammelte sie die Zweige und Strohhalme, aus denen das Nest entstehen sollte, und legte sie säuberlich zusammen.«

Nach dem Tod des Vaters droht die finanzielle Situation der drei Frauen desolat zu werden, doch die Brüder greifen helfend ein – wenn auch nicht alle nach ihren Möglichkeiten. Zuerst ziehen Mutter und Töchter nach Southampton, um im Hause des älteren Bruders Francis, eines Marineoffiziers, dessen Frau Gesellschaft zu leisten. Es ist die Zeit der kriegerischen Auseinandersetzungen mit Frankreich, und Francis ist sehr enttäuscht, weil er wegen eines anderen Kommandos nicht an der Schlacht bei Trafalgar teilnehmen kann. 1809 erinnert sich dann auch der reiche Bruder Edward seiner familiären Verpflichtungen und stellt Mutter und Schwestern in Chawton ein Cottage aus seinem Besitz zur Verfügung.

Chawton liegt, nicht allzu weit vom heimatlichen Steventon entfernt, an der Straße nach Winchester; mehrmals am Tag rasen die Post- und Reisekutschen durch den Ort und so dicht am Austen'schen Haus vorbei, dass drinnen die Menschen auf ihren Stühlen und die Teller im Schrank beben. Dies ist aber schon die größte Störung; für Jane Austen ist das Wichtigste, nach der durch die häufigen Umzüge bewirkten Unruhe endlich wieder einen Tisch zum Schreiben zu haben, auch wenn der im Wohnzimmer steht. Da aber alle in der Familie wissen, dass sie eine Autorin ist, gibt es keinerlei Notwendigkeit –
wie vom Neffen James mit Langzeitwirkung behauptet wurde –, eine

Bath, The Circus

quietschende Tür als Warnsignal zu pflegen und der Schriftstellerin damit die Möglichkeit zu geben, rasch ihr Tun zu verbergen. Im Übrigen kommt jeder, der ins Haus will, an einem Fenster vorbei, das bereits den Blick auf die Schreibende zulässt. In Bezug auf das Tischchen im Jane Austen House bietet Fay Weldon – wenn man denn an der Legende festhalten möchte, Jane Austen habe ihre Manuskripte vor anderen geheim gehalten – in ihren BRIEFEN AN ALICE eine sehr viel pragmatischere Erklärung aus eigener Arbeitserfahrung. Die meisten Schriftsteller decken ihre Texte zu, so meint sie, wenn jemand ins Zimmer kommt, denn sie fürchten Neugier und Fragen, die zu beantworten sie keine Lust haben. (»Und wer ist dieser Mr. Knightley in der dritten Zeile von oben? Wird er Emma heiraten?«) Der kleine, runde Tisch zwischen wärmendem Feuer im Rücken und ei-

nem Fenster als Ausguck vor Augen scheint Fay Weldon ideal zum Arbeiten. Und sie mag es nicht – so schließt sie energisch –, dass man Jane Austen deswegen bemitleidet. Dennoch: Jane Austen und die quietschende Tür wird ein Topos feministischer Literaturgeschichte bleiben.

Bevor man nach Chawton zog, hatte sich Martha Lloyd, eine Freundin aus Steventon, den Austens angeschlossen, und die Haushaltspflichten wurden unter den vier Frauen aufgeteilt. Zwar war das Budget knapp bemessen, doch man führte ein gastfreies Haus für die große Familie, und da war es hilfreich, dass zu dem Cottage auch ein großer Garten gehörte. Mrs. Austen hielt wie früher Geflügel und pflanzte Gemüse an, es gab Obstbäume und Beerensträucher, Cassandra sorgte als Bienenzüchterin für Honig und somit natürlich für die fleißigen Insekten, aber nicht nur für diese legte man Blumenbeete an. Jane war verantwortlich für die Vorräte an Tee, Zucker und Wein sowie für die Zubereitung des Frühstücks um neun Uhr. Danach konnte sie schreiben, mit der kleinen Eselskutsche zum Einkauf in das benachbarte Alton fahren oder sich um Neffen und Nichten kümmern, die zu Besuch waren – Letzteres nicht immer zum Vergnügen der Tante, obwohl sie in dieser Rolle durchaus beliebt war.

Denn trotz einer weitgehenden »Freistellung« von häuslichen Aufgaben wünscht sie sich in Briefen einige ruhige Tage daheim, ohne die gesellschaftlichen Verpflichtungen, die Besuche auferlegen. Einzelheiten über den Haushalt der vier Ladys erfährt man nicht nur aus den Erinnerungen von jüngeren Verwandten, sondern auch aus dem Rezeptbuch, das Martha Lloyd der Nachwelt hinterließ. Und da jeder Autor von Rang heutzutage mit einem Buch über seine kulinarischen Vorlieben geehrt wird, gibt es selbstverständlich ebenfalls ein »Jane Austen Cookbook«, das einige (angebliche) Lieblingsgerichte der Familie enthält. So kann der literarische Gourmet – falls er es denn möchte – in die Welt der Jane Austen hineinschmecken. Sie selbst freilich war wohl kaum in der Küche tätig, denn zum einen hatte man fast immer eine Köchin, und zum andern war es für sie nicht vorstellbar – so in einem Brief an ihre Schwester –, Bücher zu schreiben, während der Kopf voll ist mit Gedanken an Hammelbraten und Rhabarber.

Auch wenn eine Frau ihrer Herkunft nicht unbedingt selbst Hand anlegen musste im Haushalt, so sollte sie doch fähig sein, das Personal anzuleiten und zu beaufsichtigen. Da Jane Austen ebenso wie ihre Schwester Cassandra häufig einspringen mussten in den Familien ihrer Brüder, wenn wieder eine Niederkunft bevorstand oder man ihre Hilfe aus anderen Gründen benötigte, wäre sie sicherlich in der Lage gewesen, einen eigenen Haushalt zu führen. Und das hat sie wohl im Prinzip auch gewollt, denn die einzige Möglichkeit, der finanziellen Enge der Familie und der unabweisbaren Abhängigkeit zu entkommen, war die Ehe, selbst wenn diese in eine andere und teilweise größere Abhängigkeit führte. Also waren vor allem Tanzvergnügungen (wegen ihres hohen Flirtfaktors) auch für Jane Austen jener Markt, auf dem Angebot und Nachfrage unter den mehr oder minder jungen Leuten geklärt und potenzielle Ehepartner genauer begutachtet wurden.

Eigentlich hätte Jane, wenn man die »Biografische Notiz« ihres Bruders Henry heranzieht, auf diesem Markt bestehen müssen. In der Notiz heißt es: »Sie war reich an persönlichen Vorzügen. Ihre Figur war ausgesprochen elegant. Sie hätte, ohne das Mittelmaß zu überschreiten, nicht größer sein dürfen. Ihre Haltung und Gestik waren verhalten, aber graziös. Alle ihre Züge waren angenehm und bildeten zusammen ein getreues Spiegelbild der Heiterkeit, Empfindsamkeit und Güte, die ihre Persönlichkeit prägten. Ihr Teint war von seltener Klarheit.« Dennoch hielt sich bei der völlig unvermögenden Jane Austen die Nachfrage in Grenzen, und so bleibt ihr in manchem Brief an Cassandra nur der resignative Spott über die Ehe-Anbahnungs-Bälle. In späteren Briefen weiß sie der Situation insofern auch positive Seiten abzugewinnen, als sie darauf hinweist, dass sie sich nun ungeniert mehr dem Wein und weniger den Männern widmen könne.

Mindestens einen etwas heftigeren Flirt hat es gegeben, dessen Intensität den Verwandten des jungen Mannes so gefährlich erschien, dass dieser sehr schnell aus Janes Nähe entfernt wurde, denn auch er war ohne Vermögen – und somit existierte für eine Ehe keine vernünftige Grundlage. Und eine Beinahe-Hochzeit gab es auch in ihrem Leben: Während eines Besuches auf dem Anwesen von guten

Jane Austen House in Chawton

Freundinnen hält deren wohlhabender Bruder um ihre Hand an, Jane akzeptiert und ist für eine Nacht verlobt. Am nächsten Morgen, nach vielstündiger Diskussion mit ihrer Schwester, widerruft sie ihr »Jawort« und reist überstürzt ab, denn Ehe ohne Liebe ist für sie nicht möglich, und fehlende Liebe wird nicht durch den Reichtum des unattraktiven Kurzverlobten kompensiert. Möglicherweise ist ihr auch die kreative Unabhängigkeit als Schriftstellerin, die für sie von existenzieller Bedeutung war, wichtiger als ökonomische Sicherheit.

Doch könnte nicht die Aussicht auf eigene Kinder eine Ehe trotz allem akzeptabel machen? Nun, im Verwandten- und Freundeskreise erlebte sie, wie sehr die ständigen Schwangerschaften den Frauen zusetzten und oftmals deren frühen Tod bedeuteten. Empfängnisverhütung war zumindest unter Eheleuten kaum üblich und alle achtzehn Monate ein Kind nicht ungewöhnlich. Die Beanspruchung als werdende Mutter in Permanenz hätte vor allem jeden Gedanken an das Schreiben von Romanen verhindert. Dennoch: Auf ihre Weise hatte auch Jane Austen Kinder! Im April 1811 schreibt sie an ihre

Schwester, während sie die Druckfahnen von GEFÜHL UND VER-
STAND korrigiert, dass sie nie so beschäftigt sei, als dass sie den Roman vergessen könne – genauso wenig wie eine Mutter ihren Säug-
ling vergäße. Im Januar 1813 erscheint STOLZ UND VORURTEIL, und
Jane Austen berichtet in einem Brief an Cassandra, dass sie ihr gelieb-
tes Kind bekommen habe. Nie lebten Kinder so lange wie jene, die
Jane Austen zur Welt brachte, denn die Bücher der vollkommensten
Künstlerin unter den Frauen, notiert Virginia Woolf, sind unsterb-
lich.

Aber wieso können Bücher unvergänglich sein, die dem geneigten
Publikum eigentlich nur die Irrungen und Wirrungen im Leben junger Frauen und ihrer möglichen Partner vorführen, angesiedelt in
den ländlichen Grafschaften im Süden Englands? Während auf dem
Kontinent Napoleon seine Macht kriegerisch entfaltet, während auf
der Insel die sozialen Probleme in den großen Städten mit Beginn
der industriellen Revolution und auf dem Lande durch unsoziale
Agrarreformen zunehmen, bleibt das Leben in den Werken Jane Austens scheinbar friedlich. Sie war zweifellos durch Mitglieder ihrer
Familie informiert über das Weltgeschehen: Zwei Brüder dienten in
der Marine, ein anderer wollte als Offizier das Land gegen eine napo-
leonische Invasion verteidigen, und ein Verwandter hatte Reichtümer
auf überseeischen Plantagen mit Sklavenarbeit erworben. Doch für
all diese Themen hätte sie nur eine Fiktion aus zweiter Hand liefern
können – und das ließ ihr künstlerisches Selbstbewusstsein nicht zu.
Am sensibelsten beschreibt Virginia Woolf dieses scheinbare Unver-
mögen, das zugleich höchste literarische Meisterschaft ausdrückt.
Ihrer Ansicht nach wusste Jane Austen genau, welcher Art ihre Fähigkeiten waren, welche Stoffe sie behandeln konnte und welche Themen und Motive außerhalb ihrer Sphäre lagen. So wäre es beispielsweise unmöglich gewesen, ein Mädchen begeistert von Kirchen und
Fahnen sprechen zu lassen. Es könnte aber auch sein – und bei Jane
Austen muss man häufiger, als einem lieb ist, den Konjunktiv verwenden, da viele ihre Briefe nur verstümmelt der Nachwelt hinterlassen
wurden –, dass sie kein sonderliches Interesse an Politik und Säbel-
rasseln hatte, zumindest keines, das ihren Witz und ihre satirischen
Neigungen herausgefordert hätte.

Ihr Witz bezieht sich fast immer auf eigene Beobachtungen; ihr Spott, ihre trocken-ironischen, manchmal geradezu boshaften Anmerkungen – besonders ausgeprägt in ihren Briefen – betreffen Menschen und deren Verhalten, denen sie bei Besuchen, auf Bällen oder Teegesellschaften begegnet. Hier sei als Beispiel dafür nur auf eine irritierend brutale Bemerkung aus einem ihrer Briefe an Cassandra verwiesen, dass nämlich der Tod des neugeborenen Kindes einer Nachbarin dem Schrecken zuzuschreiben sei, als diese unerwartet ihren Mann gesehen hätte. Von Virginia Woolf wird Jane Austen nicht nur deshalb zu den konsequentesten und erbarmungslosesten Satirikern in der gesamten Literatur gezählt, denn sie erschaffe ihre Narren wie den unsäglichen Mr. Collins in Stolz und Vorurteil allein deshalb, um sie dem Gespött einer Welt voller Narren preiszugeben. »Manchmal«, schreibt Virginia Woolf, »hat es den Anschein, als würden ihre Geschöpfe nur geboren, damit Jane Austen die köstliche Freude hätte, ihnen den Kopf abzuschneiden.«

Ferner muss man bedenken, dass Leser wie Leserin von Romanen, geschrieben »by a Lady«, kaum Politisches, kaum Historisches erwarteten, sondern eher Einsichten in das tägliche, wenn nicht alltägliche Leben der zeitgenössischen Gesellschaft, und bei einem Blick auf die Buchtitel außerdem die Darstellung von Leidenschaft und seelischen Verwicklungen erhofften: »Verstand und Gefühl« oder »Stolz und Vorurteil« scheinen Probleme des Gefühlslebens anzudeuten, an deren Lösung man teilnehmen möchte. Und bei der Lektüre trifft man auf die klugen jungen Frauen, deren Selbstbewusstsein sie zuweilen überheblich werden lässt (Emma Wodehouse in Emma), deren widerborstige Intelligenz sie beinahe am (Ehe-)Glück vorbeigeführt hätte (Elizabeth Bennet in Stolz und Vorurteil) oder deren Interesse an ökonomischer Sicherheit den Blick auf die wahren Werte verstellt (Anne Elliot in Überredung). Viel bedeutsamer aber ist es, dass die meisten Heldinnen der Romane von Jane Austen nur teilweise dem Frauenbild ihrer Zeit entsprechen. Zwar sehen sie alle ihr Lebensziel in einer guten, das heißt, sie wirtschaftlich absichernden Ehe, aber diese muss auch glücklich sein, andernfalls verzichtet man. Ein reicher Mann wird für diese Frauen nicht dadurch attraktiv, dass er Geld, sondern nur dadurch, dass er Verständnis und intelligente Gespräche anzubieten vermag. Und deshalb bleibt Darcy für fast 200 Jahre der ideale Ehemann und der Roman STOLZ UND VORURTEIL der ideale Liebesroman.

Man würde es sich zu einfach machen, wenn man die weiblichen Protagonisten ihrer Romane nur als Selbstporträts von Jane Austen ansähe, doch waren sie sicherlich mehr als bloße Wunschbilder. Denn sie alle verkörpern in unterschiedlicher Weise genau jene Eigenschaften wie Willensstärke, Bewusstsein der eigenen Begabung, Unabhängigkeit im Geiste und kritisch-ironische Distanziertheit, die Jane Austen befähigten, ihr Leben, ihre Zukunft als Autorin zu gestalten, ohne dabei eine Frauenrechtlerin im Gefolge der Aufklärung zu sein. Und vielleicht waren auch diese Eigenschaften mit dafür verantwortlich, dass sie in den folgenden Jahrzehnten zur bedeutendsten Schriftstellerin Englands aufsteigen würde.

Jane Austens Unterschrift

# Die Schwestern Brontë

Eine weite Heidefläche, kaum Bäume, vereinzelt Büsche, weiden-
de Schafe, der Duft von Gräsern und Wiesenblumen und eine
strahlende Sonne, die den Himmel noch blauer und die Wolken noch
weißer aussehen lässt – im Sommer ist die Landschaft um Haworth
im westlichen Yorkshire pure Ferienidylle, deren Beschreibung jeder-
zeit Reisende in den Norden Englands locken könnte. Und somit
scheint sie völlig ungeeignet, die Kulisse für literarische Schicksals-
dramen abzugeben, wie sie die Leser von Brontë-Romanen erwarten,
denn in deren Vorstellung herrscht im Brontë Country immer win-
diges Wetter, ist es immer Herbst oder Winter. Doch zwischen Oktober und April sieht die Gegend um Haworth tatsächlich ganz anders
aus: nicht einladend, sonnig und anheimelnd, sondern abweisend,
stürmisch und unwirtlich. Die Bäume sind entlaubt, die Büsche auf
den Boden niedergedrückt, und der Farmer stößt häufig auf Lämmer,
die nach der Geburt im Schnee erfroren sind. Und der graue Stein der
Häuser und Mauern verstärkt noch den Anschein von Abgeschiedenheit und Düsternis. Diese Atmosphäre erwartet der Brontë-Verehrer,
der sich die Umwelt der Autorinnen zu vergegenwärtigen sucht.

Einen Beleg dafür kann er in einer zeitgenössische Schrift finden
– in der frühesten und in ihrer Wirkung nachhaltigsten Biografie
über Charlotte Brontë, geschrieben von der im 19. Jahrhundert sehr
erfolgreichen Romanautorin Elizabeth Gaskell. Diese lässt die Reise
zu den Brontës auf der Bahnstrecke von Leeds nach Bradford beginnen und in Keighley mit einer Kutsche fortsetzen. »Sobald aber die
Landstraße anzusteigen beginnt, wird die Vegetation karger. Sie gedeiht nicht, sie existiert nur noch [...]. Statt der Hecken verwendet

man überall Mauern aus aufgeschichteten Steinen.« Schon bald kann der Reisende das Dorf Haworth sehen, das sich auf einem steilen Hügel befindet, mit graubraunem und purpurfarbenem Moor im Hintergrund, wodurch für ihn die Vorstellung von Abgeschiedenheit und Einsamkeit hervorgerufen wird. Mit dieser Beschreibung, mit den Begriffen Einsamkeit, Abgeschiedenheit und Moorlandschaft erhielt die Geschichte der Brontës ihre topografische Grundlage – eine Geschichte, die sich im Laufe der Jahre zu einem Mythos entwickelte, in dessen Mittelpunkt das granitgraue, am Rande eines düsteren Friedhofs erbaute Pfarrhaus steht.

Und zu diesem Haus pilgern die Brontë-Verehrer, da es gewissermaßen wie ein Schrein – so nennt es Virginia Woolf – die Erinnerung an die drei Frauen an einem Orte aufbewahrt und konzentriert darbietet. Die ferne Abgeschiedenheit, die noch Elizabeth Gaskell aufgesucht hatte, ist heute ein Wallfahrtsort für die neugierige Leidenschaft von Millionen Lesern geworden. Doch was suchen jene, die auf den Spuren der Brontës zu wandeln glauben, kommen sie nun aus Gloucestershire, Finnland oder Japan? Manch einer der Reisenden hofft vielleicht, durch die Erfahrung der Landschaft eine Erfahrung literarischer Spiritualität zu machen und damit eine Annäherung an das Werk der Schwestern zu erlangen. Eine mögliche Erklärung bietet Virginia Woolf, die 1904 auf einer Fahrt durch Yorkshire auch nach Haworth kam. Sie beschreibt ihre Exkursion als eine empfindsame Reise zu den Wohnstätten berühmter Menschen, die eigentlich zu verurteilen sei, denn die Neugierde von Literaturtouristen sei nur dann legitim, wenn der Anblick des Hauses eines großen Schriftstellers oder die Betrachtung der Landschaft, in der es liegt, das Verständnis seiner Bücher erweitert. Diese Rechtfertigung aber hat man für eine Pilgerreise zum Haus und zur Landschaft Charlotte Brontës und ihrer Schwestern.

Besonders eindrucksvoll ist nicht nur ein Gang durch das Haus, sondern auch einer über den Friedhof. Dieser wirkt heute noch, obwohl inzwischen mit hohen Bäumen bestanden und auf beruhigende Weise grün verdunkelt, durch die Vielzahl der teilweise umgestürzten Grabmäler außerordentlich beklemmend. An einem solchen Ort des Todes aufzuwachsen, unter rutschenden Grabplatten die Toten zu

Moor bei Haworth im Sommer

ahnen, wenn nicht gar in heißen Sommern zu riechen, bedarf eines
starken Charakters, um nicht depressiver Traurigkeit anheimzufallen
und die Welt nur in ihrer Vergänglichkeit wahrzunehmen. Die Schwestern Brontë hatten einen solchen starken, dem Leben zugewandten
Charakter, doch der tradierte Mythos zeichnet sie als tragische Gestalten, die vereinsamt auf sturmumtoster Höhe über eine trostlose
Moorlandschaft wandeln und durch eine schicksalhafte Fügung zu
berühmten Dichterinnen werden. Leider haben diese literarischen
Heiligengestalten nur wenig Ähnlichkeit mit Charlotte, Anne und
Emily, den klugen, lebhaften, willensstarken, kreativen Töchtern des
Pfarrers Brontë, über die ein Bewohner von Haworth einem mitleidig
nach den melancholischen Schwestern fragenden Besucher berich-
tete, sie seien fröhlich gewesen und häufig zu Späßen aufgelegt. Und
damit ist noch nichts gesagt über ihren Unternehmungsgeist, der
sie – vielleicht zögernd und zuweilen heimwehkrank, aber doch furchtlos – um der Bildung willen ins Ausland aufbrechen, des Erwerbs we-

Haworth: Pfarrhaus am alten Friedhof

gen eine Stellung annehmen lässt oder zumindest in unbezähmba-
rem Freiheitsdrang zu langen Wanderungen über das Moor treibt.
Denn ohne Energie, Ehrgeiz und Eigensinn hätten die drei Schwestern kaum die literarische Welt erobern und in ihr überragende Bedeutung erlangen können.

Das Heim der Brontës war – wie bei Jane Austen – ein Pfarrhaus.
Der Vater Patrick Brontë, ein Ire aus armen Verhältnissen, nach einem
Studium in Cambridge zum Geistlichen ordiniert, heiratet Maria
Branwell aus Penzance in Cornwall und erhält eine Pfarrstelle in Haworth, West Yorkshire. 1821 stirbt die Mutter, und ihre Schwester reist
an, um die Halbwaisen zu betreuen; sie will nur für kurze Zeit nach
dem Rechten sehen, bleibt aber dann bis an das Ende ihres Lebens.
Reverend Brontë sorgt sich nicht nur um das geistige, sondern vor
allem auch um das soziale Wohl seiner häufig armen Gemeindemit-
glieder. In Haworth hatte die expandierende Tuchindustrie einen
bedeutenden Wirtschaftsstandort geschaffen, der den Menschen Arbeit, aber kaum hinreichenden Verdienst gibt und der zu einer Zeit,
in der »Umwelt« kaum wichtig war, diese bereits verschmutzte.

Die Pfarrstelle in Haworth ist nicht sonderlich gut dotiert, und im
Hause Brontë muss immer gespart werden. Deshalb ist der Vater nur

zu froh, dass es eine Schule für die Kinder wenig bemittelter Kleriker gibt, die Erziehung und Unterricht zu geringen Gebühren anbietet – leider auch zu noch geringerer Qualität. Die Mädchen werden erbarmungswürdigen Bedingungen ausgesetzt: miserables Essen, eiskalte Schlafsäle, Kirchgang in Nässe und Schnee ohne Rücksicht auf die dürftige Kleidung der Schülerinnen. Der Vater erfährt zu spät von den Verhältnissen in Cowan Bridge, er kann seine beiden ältesten Töchter nur noch todkrank zurückholen. Maria und Elisabeth sterben innerhalb weniger Wochen, Charlotte übersteht die Inhumanität der Anstalt, ist aber sehr geschwächt; sie nimmt die Erinnerung an das Schicksal ihrer Schwestern in JANE EYRE wieder auf.

Da Haworth nicht der einsam-ländliche Ort inmitten von Moor und Heide ist, wie ihn die Brontë-Leser in ihrer Vorstellung geschaffen haben, waren die Brontë-Kinder – obwohl ohne formale Schulbildung – keineswegs von den Ereignissen der Welt, von Literatur und Historie ferngehalten. Die Bibliothek des Vaters, eine Leihbücherei in Keighley und Zeitschriften wie das BLACKWOOD MAGAZIN bringen Kenntnisse, erweitern das Wissen und modellieren die Phantasie, die in den selbstgeschriebenen Büchern der Kindheit eine fremdartige Welt erschafft. Denn die Brontë-Geschwister schreiben von frühester Kindheit an: Charlotte und der Bruder Branwell regieren mit ihrer Einbildungskraft das Reich Angria, Emily und Anne sind die Herrscherinnen von Gondal.

Es erstaunt die Verfasser von Literaturgeschichten immer wieder, wie in der relativen Abgeschiedenheit von Haworth, in der sozialen Isolation des Pfarrhauses – man hatte, außer bei karitativen Anlässen, wenig Umgang mit den Mitbewohnern des Ortes – derart begabte und schöpferische Kinder heranwuchsen, von denen die Mädchen später zu den bedeutendsten Schriftstellerinnen Englands gezählt werden. Und es erstaunt andererseits, dass Branwell, der verwöhnte Liebling des Vaters, das vermeintliche Genie der bildenden Kunst, der witzige, unverschämte, gescheite Knabe, weder den eigenen Erwartungen noch denen des Vaters und der ihn lange adorierenden Schwestern gerecht wird. Die Karriere eines Porträtmalers wird abgebrochen, bevor sie richtig begonnen hat, die Anstellung bei der Eisenbahn endet abrupt, weil es Unregelmäßigkeiten in der Kassenführung

Moorlandschaft bei Haworth

gibt, als Hauslehrer wird er entlassen, und nur im Pub »Black Bull« kann er die bedeutende Rolle einer verkrachten Existenz spielen. Erfahren in den Drogen seiner Zeit, Opium konsumierend und besonders dem Alkohol zugeneigt, stirbt er 1848 qualvoll im Alter von 31 Jahren, ohne eines der Versprechen eingelöst zu haben, die sein jugendliches Genie unüberlegt abgegeben hatte.

So sehr sich die gesamte Familie um die Karriere von Branwell sorgt, so wenig ist das berufliche Fortkommen der drei Schwestern ein Thema – es sei denn, es geht um die bloße Existenzsicherung. Die junge, unverheiratete Frau aus dem Bürgertum, ohne Aussicht auf Heirat und Kinder, ohne die Reputation einer eigenen Familie, hatte nur geringe Chancen, eine akzeptierte Position in der Gesellschaft zu erreichen: Zur Auswahl bot sich in der ersten Hälfte des 19. Jahrhunderts dann vorwiegend der Beruf einer Gouvernante oder der einer Schriftstellerin an. Manchmal wurden diese Berufe nacheinander ausgeübt, manchmal auch gleichzeitig – zuweilen schreibt die Erzieherin, dann wieder erzieht die Autorin. Auch alle drei Brontë-Schwestern arbeiteten als Gouvernanten, ohne sonderliche Begeisterung, häufig enttäuscht durch die herablassende Haltung der Herrschaft, gedemütigt durch die Erkenntnis, trotz ihrer Bildung kaum mehr als ein Dienstmädchen zu gelten, und unzufrieden, bei der Erziehung der verwöhnten Kinder keinen Rückhalt durch deren Eltern zu erfahren. Die Gouvernante in der viktorianischen Zeit litt unter ihrer sozial nicht genau definierten Stellung: Einerseits rechnete die Herrschaft sie als Angestellte eher zum dienenden Personal, andererseits fühlte sie sich, da gebildet und häufig der Mittelschicht entstammend, eher der Herrschaft zugehörig. Es gehörte Selbstbewusstsein und der Verzicht auf Selbstmitleid dazu, sich in einer solchen Stellung zu behaupten. Obgleich die Schwestern teilweise ähnliche Erfahrungen mit ihren Arbeitgebern machen müssen, bewältigen sie die Erlebnisse in unterschiedlicher Weise.

Emily kann eine solche dienende Existenz am wenigstens mit ihrem Charakter vereinbaren, der kaum Unterordnung, kaum seelische Eingrenzung verträgt. Zwar heißt es in den Akten der unsäglichen Schule zu Cowan Bridge »späterer Beruf: Gouvernante«, doch was für die kleine Emily wie für viele Pfarrerstöchter gelten mochte, ist für die erwachsene Emily nicht mehr akzeptabel. Sie unterrichtet nur kurze Zeit in einem Internat, und Charlotte schreibt in einem Brief über das Lehrerinnendasein ihrer Schwester, es sei »harte Arbeit von sechs in der Früh bis fast elf Uhr nachts und dazwischen nur eine halbe Stunde Pause. Es ist die reine Sklaverei. Ich befürchte, das hält sie nie im Leben durch«. Emily hält durch, kehrt aber bald ins Pfarrhaus zurück und kümmert sich dort vor allem um den Haushalt und um die Finanzen der Familie.

Anne bleibt – anders als ihre Schwestern – mehrere Jahre an ihren Arbeitsstellen. Und wenn man die Beschreibung einer Gouvernantenexistenz in ihrem Roman AGNES GREY liest, könnte man annehmen, sie hätte sogar mit einer gewissen Begeisterung als Erzieherin gearbeitet. Bei ihr wird eine energische Unternehmungslust deutlich, der Wunsch zur Selbstbehauptung und zur Erprobung der eigenen Fähigkeiten außerhalb des geschützten Elternhauses. Von der Familie jedoch wird sie unterschätzt, und das betrifft vor allem Charlotte, von der Anne später in einem Vorwort als eher blässlich-braver Charakter gezeichnet wird.

Wie es sich für die Älteste gehört, ist Charlotte besonders vernünftig und vorausschauend. Auch sie arbeitet als Gouvernante und ärgert sich ständig. Um diesem Verdruss zu entkommen, entwirft Charlotte Pläne für eine eigene, von den Geschwistern zu führende Schule, zu deren Finanzierung ein Darlehen der Tante beitragen soll. Und da Charlotte strategisch zu denken vermag – nur gute Lehrer bringen gutes Schulgeld ein – und ihre Erkenntnisse energisch umzusetzen bestrebt ist, meldet sie sich und Emily am Institut Heger in Brüssel an, um dort ihre Französischkenntnisse zu erweitern, im Deutschen Fortschritte zu machen und auch ein wenig Italienisch zu lernen. Die zielstrebige Entschlossenheit der Älteren, die beide Schwestern 1842 auf den Kontinent führt, ermöglicht neue Erfahrungen, die später in Charlottes Romanen Aufnahme finden. Anfangs noch als Schülerinnen im Institut, bekommen Charlotte und Emily später das Angebot, dort als Lehrerinnen zu arbeiten; doch nur Charlotte nimmt an, vielleicht auch, weil ihre mehr als starke Zuneigung zu Monsieur Heger eine enge Bindung an die Schule wünschenswert erscheinen lässt. Die Zuneigung von Madame Heger zu ihrer tüchtigen Englisch-Lehrerin allerdings nimmt ab, und so kündigt Charlotte, nicht ohne noch etliche Monate eine Antwort von Monsieur auf ihre flehentlichen Briefe zu erhoffen.

Zurück in Haworth, plant man weiterhin die »Schule im Pfarrhaus«, für die sich Emily und vor allem Charlotte so intensiv vorbereitet haben. Ein liebevoll gestalteter Prospekt annonciert: »The Misses Bronte's Establishment for the Board and Education of a limited number of young ladies, The Parsonage, Haworth«. Für das Schulgeld werden Unterkunft und Unterricht in Schreiben, Rechnen, Geschichte, Grammatik, Geografie und Handarbeit geboten – Französisch, Deutsch und Latein gehen extra. Anders aber als dem Reverend Austen mit seiner Schule für Knaben war den Töchtern des Reverend Brontë kein Erfolg beschieden – niemand meldete sich auf ihre Anzeige.

Die Karriere als Lehrerin ist nun mehr oder weniger abgeschlossen, und die bisherige Nebenbeschäftigung wird zur Haupttätigkeit: Alle drei Schwestern schreiben. Der Topos von den »Schwestern

*Haworth: Sonntagsschule neben dem Pfarrhaus, in der Charlotte unterrichtete*

Brontë«, in dem die Individualität der drei Frauen negiert wird, ist ein wesentliches Element des Mythos. Am meisten nämlich erstaunte die Zeitgenossen wie die Nachgeborenen, dass in der Höhe Yorkshires nicht etwa nur eine besonders begabte junge Frau zur Schriftstellerin heranwuchs, sondern gleich ein genialisches Trio. Ihre Zusammengehörigkeit trotz aller Unterschiede betonten die drei in ihrer ersten Veröffentlichung, einem Gedichtband, der 1846 unter den Pseudonymen Currer, Ellis und Acton Bell erschien; die Initialen verwiesen auf sie selbst, die eher männlich klingenden Vornamen lenkten von ihnen ab. Charlotte hatte durch Zufall Gedichte von Emily entdeckt, erkannte ihre besondere poetische Qualität, überzeugte die Schwester, dass ihre Texte es wert wären, veröffentlicht zu werden, und da auch sie und Anne Poesie in der Schublade verwahrten, sahen sich alle der Erfüllung ihres Jugendtraumes näher gekommen, Schriftstellerin zu werden. Sie lassen das Buch auf eigene Kosten drucken und müssen enttäuscht feststellen, dass es keine Nachfrage gibt. Charlotte verschickt einige Exemplare an Dichter wie Tennyson und Wordsworth und schreibt in selbstkritischer Ironie: »Unser Buch erweist sich als ein Ladenhüter; kein Mensch braucht oder beachtet es. Im Zeitraum von einem Jahr hat unser Verleger lediglich zwei Exemplare abgesetzt 39

Pub »Wuthering Heights« bei Haworth

und durch welch mühsame Anstrengungen es ihm gelang, weiß nur er selbst.«

Doch die Schwestern lassen sich nicht entmutigen; Charlotte hört auch nicht auf die Ratschläge, die ihr der Dichter Southey freundlich, doch mit männlicher Borniertheit gibt, als er ihr schreibt: »Literatur kann nicht und sollte auch nicht die Lebensaufgabe einer Frau sein. Je mehr sie mit ihren ureigenen Pflichten beschäftigt ist, um so weniger Muße wird sie für die Literatur haben, selbst wenn sie sie lediglich als Ergänzung und Entspannung betrachtet.« Hier scheint wieder der »Engel des Hauses« seine Flügel auszubreiten, doch glücklicherweise lässt sein Flattern Charlotte Brontë unbeeindruckt. Vielmehr treffen die drei jungen Frauen abends vor dem Kamin zusammen, um zu schreiben, einander das Geschriebene vorzulesen, über ihre Texte zu sprechen und Ausblicke in die Zukunft zu wagen. Branwell, der früher mit seinen Schwestern phantastische Königreiche erschuf, bleibt ausgeschlossen.

1846 hat jede der jungen Frauen einen Roman vollendet: Emily STURMHÖHE, Anne AGNES GREY, Charlotte DER PROFESSOR, und nun begibt man sich auf die Suche nach einem Verleger. Auch das nimmt wieder Charlotte in die Hand. Sie schickt die Manuskripte an mehrere Verlagshäuser, und wenn die Pakete zurückkommen, werden sie erneut verpackt – um zu sparen, in dasselbe, nur gewendete Papier – und nochmals versandt. Endlich werden die Bücher von Emily und Anne angenommen – leider von einem, wie sich später herausstellt, recht unseriösen Haus. Charlottes Roman erweckt das Interesse eines Londoner Verlegers, der den PROFESSOR zwar ablehnt, sie aber bittet, ein anderes Werk einzureichen. Während sie ihren Vater bei einer medizinischen Behandlung betreut, beginnt sie mit der Niederschrift von JANE EYRE; das Buch wird akzeptiert und geht sofort in den Druck.

1847 erscheinen die drei Romane der drei Schwestern, wiederum unter den bereits genutzten Pseudonymen von Currer, Ellis und Acton Bell. In einem höflich-zornigen Brief an den Literaturkritiker G. H. Lewes macht Charlotte energisch deutlich, warum ein derartiges Pseudonym sein muss. »Ich wünschte mir, Sie hielten mich nicht für eine Frau. Ich wünschte mir, dass alle Rezensenten ›Currer Bell‹ für einen Mann halten, dann behandeln sie ihn gerechter. Ich weiß, Sie werden mich weiterhin nach einem Maßstab messen, den Sie als den für mein Geschlecht gebotenen erachten. Dort, wo ich nicht das bin, was Sie unter weiblicher Anmut verstehen, werden Sie mich unter Beschuss nehmen.« Lewes ändert seine Einstellung zu weiblichen Autoren, als er der Lebensgefährte von George Eliot wird und für deren angemessene Rezeption beim Publikum Sorge tragen muss.

Die Pseudonyme hindern jedoch nicht das neugierige Publikum, Nachforschungen anzustellen, um das Rätsel der drei Brüder zu lösen. Am wenigsten gelingt das bei Ellis Bell, da der Roman STURMHÖHE in seiner für die Zeit ungewöhnlichen Amoralität, mit dem dominanten und brutal-leidenschaftlichen männlichen Helden kaum einer Autorin zugetraut wird. Emily Brontë besteht denn auch bis zu ihrem Tod darauf, das Pseudonym beizubehalten. Sie ist auch dieje-

nige der Schwestern, die sich den wissbegierigen Lesern am energischs-
ten entzieht, da von ihr nur wenige Zeugnisse neben ihren literarischen Texten erhalten sind. Emily entsprach vielleicht am stärksten
der Vorstellung, die sich Mit- und Nachwelt von einer einsam über
das wilde Moor streifenden Brontë machten, denn sie war zweifellos
der Natur sehr eng verbunden. Beschrieben wird sie als jemand, der
sich selbst genug ist, ohne deshalb die Familie, die engsten Angehörigen zu fliehen. Im Mittelpunkt ihrer Existenz stand das Schreiben,
für das sie auch unter schwierigen Bedingungen fast immer Zeit fand.
Freunde hatte sie kaum, an ihrer Schwester Anne jedoch hing sie sehr;
wichtig waren ihr die Haustiere, die sie liebte, vor allem der Hund
Keeper, der auf ihrer Beerdigung in der Kirche saß, hinter dem Sarg
hertrottete und lange trauerte. Emily war mutig und zupackend – bei
kämpfenden Hunden ging sie furchtlos dazwischen – und von großer
Strenge. Vielleicht war es ihre zunehmende Härte und Verschlossen-
heit, die Charlotte beunruhigte.

Emilys Selbstbewusstsein war auch in künstlerischen Fragen zweifellos sehr ausgeprägt. Denn wie sonst hätte sie, die behütete Pfarrers-
tochter, einen Roman schreiben können, in dem nicht nur das Moor
von Stürmen heimgesucht wird, sondern auch die dort lebenden
Menschen von existenziellen Gewalten getrieben und zerstört werden. Heathcliff, der freundlich aufgenommene wilde Fremdling, der
seine Pflegeschwester leidenschaftlich liebt, durch Intrigen vertrieben wird, bei der Rückkehr seine Geliebte als Ehefrau eines anderen
vorfindet und auf fürchterliche, brutale Rache sinnt, mit der er zwei
Familien zerstört, scheint kaum jenen Gestalten zu entsprechen, die
eine viktorianische Phantasie erschaffen durfte. Aber gerade diese un-
bändige Erfindungskraft, die so gar nicht mit sozial vorgeschriebener
Weiblichkeit harmoniert, ihre Selbstständigkeit und ihr unbedingter
Durchsetzungswillen, der Konventionen lediglich formal akzeptiert,
sichern Emily nicht nur das Überleben in mythischer Verklärung,
sondern vor allem einen ausgewählten Platz im Pantheon englischer
Autorinnen. Am Ende ihres Lebens allerdings hilft ihr starker Wille
nicht mehr – sie unterliegt einer Krankheit, die sie nicht wahrhaben
will, die sie glaubt, durch Negierung bezwingen zu können. Ärzte und
Arzneien sind nicht zugelassen, jeden Tag kleidet sie sich an, wie groß

ihre Schwäche auch sein mag, und sie widersetzt sich allen Bemühungen der Schwestern, ihr zu helfen. Erst am Tag ihres Todes verlangt sie nach einem Arzt. Sie stirbt 1848 an Schwindsucht, jener Krankheit, der auch die anderen Brontë-Töchter zum Opfer fallen.

Anne Brontë scheint die sanfteste, außerdem die unbedeutendste der drei Frauen gewesen zu sein – diesen Eindruck zumindest erwecken die Berichte von Zeitgenossen über die jüngste Schwester, und besonders Charlotte überliefert in einer biografischen Notiz zur Neuauflage der Werke von Emily und Anne kein sonderlich positives Bild. Während sie beklagt, dass die Kritik Emily Unrecht getan und die Bedeutung von STURMHÖHE nicht erkannt habe, verwundert es sie nicht, dass Annes Roman DIE HERRIN VON WILDFELL HALL (1848) nur eine ungünstige Rezeption erfuhr, denn die Wahl des Themas wäre ein völliger Fehler gewesen. Da das Buch den Niedergang eines fähigen, aber haltlosen Menschen durch Trunksucht und Lasterhaftigkeit beschreibt und das Vorbild für den sittenlosen Huntingdon möglicherweise Bruder Branwell war, sah Charlotte – wohl aus persönlichen Gründen – die Qualität des Werkes gemindert. Vielleicht hat auch uneingestandener Neid eine Rolle gespielt, war doch Anne sehr viel enger, fast zwillingshaft mit Emily verbunden, nach Branwell der besondere Liebling des Vaters und obendrein die hübscheste der Schwestern. Anne besaß aber auch Eigenschaften, die Charlotte auszeichneten – sie war pflichtbewusst und unbeugsam. Dies ließ sie alle Obliegenheiten, die man ihr während der Arbeit als Gouvernante auftrug, länger als ihre Schwestern und recht klaglos erfüllen. Und intensiver als diese war Anne religiös, fest im Glauben an die Erlösung der Sünder, aus dem sie Kraft und Trost schöpfte.

Anne war auch diejenige der Schwestern, die nachdrücklich gegen das viktorianische Verhaltensideal für Frauen opponierte. Helen Huntingdon, die Herrin von Wildfell Hall, hat aus Liebe geheiratet, muss dann aber zu ihrem Entsetzen feststellen, dass ihr Mann sie ständig allein lässt, um mit seinen fragwürdigen Freunden zu jagen, zu trinken und sich anderweitig die Zeit zu vertreiben. Seine Frau missachtet er, beleidigt sie und betrügt sie sogar. Sie verlässt ihn, um sich den Qualen des Ehelebens und den gemeinsamen Sohn dem schädlichen Einfluss des Vaters zu entziehen. Ihre christliche Hal-

Brontë Country: Landschaft in Yorkshire

tung allerdings gebietet es, den kranken Mann – trotz seiner Verfehlungen – bis zum Tode zu pflegen. Das Buch beschreibt ein für die Entstehungszeit geradezu unerhörtes Verhalten einer Ehefrau: Helen Huntingdon kritisiert nicht nur die Fehler ihres Mannes, vor allem tadelt sie seine Vorstellungen davon, wie eine Ehefrau zu sein habe – und damit stellt sie das Eheverständnis ihrer Zeitgenossen überhaupt in Frage, denn sie wartet nicht geduldig daheim, bis ihr gewissenloser Ehemann zurückzukehren geruht. Das Verhalten der betrogenen Ehefrau – den Mann zu verlassen und das Kind mitzunehmen – war für die damalige Zeit gesellschaftlich (und juristisch) völlig inakzeptabel, und deshalb musste die Rezeption des Romans verständlicherweise zwiespältig sein. Die energische, im Leiden stark und selbstständig werdende Helen Huntingdon entwickelte ein feministisches Bewusstsein, das in der Literatur der Zeit kaum eine Entsprechung hatte – außer in der Heldin des Romans JANE EYRE (1847) von Charlotte Brontë.

Vielleicht hatte Charlotte ihrer kleinen Schwester eine derartig deutliche Parteinahme für eine seelisch misshandelte Frau nicht zugetraut, aber Anne Brontë, die brave Anne, wie sie häufig genannt wurde, hatte sicherlich mehr unbrave Wildheit in sich gefühlt, als ihre überfürsorgliche ältere Schwester wahrhaben wollte. Wild war die Heldin in Wildfell Hall, wild war ihr Freiheitsdrang, der sie aus ehelichen Abhängigkeiten, aus der Bindung an einen alkoholsüchtigen Libertin herausführte. Anne selbst war sogar die Wildheit des kargen Yorkshire-Moores nicht genug; sie liebte das Meer, das gegen die Ostküste Nordenglands vor allem zwischen Oktober und April häufig mit gewaltiger Flut und hohen Wellen anbrandet. Kurz vor ihrem Tod im Mai 1849, des baldigen Sterbens gewiss, wollte Anne noch einmal an die Küste nach Scarborough, einem Ort, den sie kannte und liebte. Wenige Tage nach der Ankunft starb sie und wurde hoch über dem Meer beerdigt, wo nur das Rauschen der Brandung, nicht die Nässe der Gischt das Grab erreichen kann. Auf der Rasenfläche des Friedhofs an der St. Mary's Church stehen heute lediglich vereinzelt Grabsteine; der von Anne befindet sich etwas abseits und wird zuweilen von Fußball spielenden Knaben als Torpfosten benutzt. Aber selbst die lärmenden Jungen achten darauf, dass die Blumen, von Verehrern niedergelegt, nicht den Schüssen aufs Tor zum Opfer fallen.

Charlotte hatte ihre Schwester nach Scarborough begleitet, sie bis zum Tode gepflegt und für die Beerdigung gesorgt; nun muss sie allein nach Haworth zurückkehren, um ihren Vater zu betreuen und dessen Einsamkeit zu mildern. Da sie nun seine einzige Gesellschaft ist, kann aus des Vaters Perspektive eine Heirat kein Thema mehr sein. Dabei hatte Charlotte in all den Jahren sehr eigene Vorstellungen von der Ehe entwickelt, die sie Anträge verschiedener junger Männer zurückweisen ließen, weil diese ihr intellektuell und emotional nicht ebenbürtig erschienen; bei diesen Entscheidungen war – soweit bekannt – die Befindlichkeit des Vaters kaum von Bedeutung. Und noch früher als ihre Schwester Anne hat sie mit einem Roman, dessen Wirkung bis heute anhält, die moralischen Konditionen beschrieben, unter denen eine auf Selbstachtung bedachte Frau – wenn überhaupt – zur Ehe bereit sein sollte.

Jane Eyre, die Heldin des gleichnamigen Romans, macht als Kind in ihrer Pflegefamilie und im Internat eine Zeit qualvoller Unterdrückung durch. Deshalb erscheint die Arbeit als Gouvernante im Hause von Mr. Rochester fast wie eine Erlösung – umso mehr, als sie sich in ihn verliebt hat und die Liebe erwidert wird. Doch kann sie ihn nicht heiraten, da er bereits einer Frau ehelich verbunden ist, die unter dem Dach des Hauses, dem Wahnsinn verfallen, dahinvegetiert. Als Mätresse kann und will Jane nicht leben, und so verlässt sie das Anwesen. Sie kehrt erst wieder zu Mr. Rochester zurück, als seine Frau gestorben ist und er sein Vermögen und sein Augenlicht verloren hat. Für Jane wie für Charlotte zählt nur eine Maxime: die Verteidigung von Ehre, Selbstbewusstsein und Unabhängigkeit.

Die wilde Leidenschaftlichkeit, gegen die Jane im Bemühen um die Einhaltung ihrer Prinzipien anzukämpfen hat, die selbstbewusste Argumentation, mit der sie sich der Avancen des Mr. Rochester erwehrt, veranlasste die zeitgenössische Kritik, Charlotte Brontë nicht nur wegen ihres Pseudonyms für einen Mann zu halten. Besonders groß aber war die Empörung, als die weibliche Urheberschaft bekannt wurde, denn derartige Unbotmäßigkeiten durften einer Frau nicht zugestanden werden. Leidenschaftliche Pfarrerstöchter, jede auf ihre Weise aus der Art geschlagen, die der soziale Kodex für Klerikerfamilien vorsieht – dieses Phänomen dürfte nicht unwesentlich zum Brontë-Mythos beigetragen haben.

Und Charlotte? Nach dem Tode ihrer Schwestern schreibt sie noch mehrere Romane, kümmert sich um ihren Vater, der voller Sorge beobachtet, dass der Kurat Arthur Bell Nicholls augenscheinlich in seine Tochter verliebt ist, und einen Antrag befürchten muss, der jene aus dem Pfarrhaus entfernen würde. Der Antrag kommt, und obwohl Charlotte sich lange gegen eine Verbindung mit dem Kuraten gesträubt hat – denn Liebe gab es wohl nicht auf ihrer Seite –, nimmt sie an und heiratet 1854. Beide bleiben im Pfarrhaus wohnen, da Nicholls die Pflichten des alten Reverend übernimmt. Ob Charlotte aber glücklich wurde? Ihr Leben hat sich stark geändert, Freundinnen darf sie, wenn überhaupt, nur mit Erlaubnis des Mannes sehen, und zum Schreiben kommt sie kaum noch. Im März 1855 stirbt Charlotte, vermutlich schwanger.

In der Kirche von Haworth gibt es – ähnlich wie in Winchester für Jane Austen – zwei Gedenkplatten für die Brontës, eine marmorne an der Wand der Gedenkkapelle für die gesamte Familie und eine aus

IN MEMORY OF
EMILY JANE BRONTË
WHO DIED DEC.19TH 1848
AGED 30 YEARS.
AND OF
CHARLOTTE BRONTË
BORN APRIL 21ST 1816
DIED MARCH 31ST 1855

Grabplatte für die Schwestern Brontë in der Kirche von Haworth

Messing, eingelassen in den Boden, die nur Emily und Charlotte gewidmet ist. Auf keiner wird erwähnt, dass sie Schriftstellerinnen waren. Erst sehr viel später erhalten die Schwestern einen Gedenkstein in der »Poet's Corner« von Westminster Abbey, inmitten so prominenter Kollegen wie Shakespeare, Charles Dickens und William Thackeray.

# Mary Ann Evans alias George Eliot

War Shakespeare attraktiv, galt Dickens als schön, sah Thackerey gut aus? Was bei männlichen Autoren zumeist kein Thema ist, kann für Schriftstellerinnen besondere Bedeutung erhalten. Kaum eine Biografie über George Eliot, in der nicht auf ihr unansehnliches Äußere verwiesen wird, auf ihre lange Nase, ihre unvorteilhafte Frisur, ihre nicht sonderlich geschmackvolle Kleidung. Und zuweilen scheint es, als sei man geradezu erstaunt, dass ein derart hässlicher Mensch so Großartiges schaffen könne wie MIDDELMARCH oder ADAM BEDE. Glücklicherweise jedoch wird auch differenzierter geurteilt. Im Mai 1869 erhält George Eliot Besuch von Henry James, und er schreibt nach der Begegnung an seinen Vater, sie sei von großartiger Hässlichkeit und sehe abscheulich aus, doch in dieser Hässlichkeit stecke eine machtvolle Schönheit, ein besonderer Charme, sodass man sich in sie verlieben müsse, denn – und das ist die zentrale Erkenntnis – George Eliot sei eine starke und außergewöhnliche Persönlichkeit.

Mag diese Einsicht für den jungen Amerikaner neu und überwältigend gewesen sein – für die englische, für die europäische Öffentlichkeit stand die große Bedeutung der Schriftstellerin aus den Midlands schon lange fest. Und da George Eliot es vermied, sich fotografieren zu lassen, ihre gemalten Porträts jedoch eine durchaus interessante und keineswegs hässliche Frau zeigten, wurden für das große Publikum ihre Werke, ihre Individualität zunehmend wichtiger als ihr Aussehen. Und auch für den engeren Kreis ihrer Freunde und Verehrer (und vor allem der Verehrerinnen) zählten ihre Klugheit, ihre Kreativität, ihre Bildung weitaus mehr als irgendwelche Schön-

Nuneaton: George Eliot Hotel

heitsideale. Außerdem war George Eliot – nach Queen Victoria und vielleicht noch Florence Nightingale – die berühmteste und am meisten bewunderte Frau ihrer Zeit, und als Schriftstellerin wurde sie in einem Atemzuge mit Shakespeare und Dickens genannt. Sie erreichte, ohne selbst zu agitieren, jene Ziele, für die ihre feministischen Freundinnen kämpften; den Ruhm erwarb sie als Autorin – eine Ikone der Frauenbewegung wollte sie nicht werden. Ihre Biografie zeigt, welche Karriere eine schreibende Frau im 19. Jahrhundert machen konnte, wenn sie energisch und zielstrebig war und Hindernisse nicht gelten ließ. Keine formale Bildung? Lesen, lesen, lesen, die Bibliothek des väterlichen Dienstherren durcharbeiten und das vom Vater gewährte Geld für Bücher ausgeben! Auf ländlichen Besitzungen in familiärer Obhut aufwachsen? So bald wie möglich nach London ziehen und selbstständig werden! Neugierig auf die Welt hinter dem Horizont sein? Sprachen lernen und reisen, erst mit Freunden oder allein, dann mit dem Lebensgefährten!

Doch so einfach, wie es diese Aufzählung suggeriert, war das Leben von George Eliot nicht. Geboren wurde sie als Mary Anne Evans im November 1819, im selben Jahr wie Queen Victoria, auf einem ländlichen Anwesen nahe Nuneaton in Warwickshire. Der zum zweiten Mal verheiratete Vater, als Zimmermann aus kleinen Verhältnissen stammend, hatte sich zum Verwalter des stattlichen Besitzes eines reichen Adeligen emporgearbeitet – respektiert von den Nachbarn, geschätzt von seinem Arbeitgeber. In etwas veränderter Form überträgt George Eliot Züge ihres Vaters auf den Helden in ADAM BEDE, einen tüchtigen Handwerker und aufrechten, sehr moralischen Menschen. Und auch die Umgebung von Nuneaton und Coventry, in der sie lange lebte und die sie durch Fahrten mit ihrem Vater genauer kennenlernte, findet nicht nur in diesen Roman Eingang. Zwar ist die Wirtschaft der Midlands nicht unerheblich von agrarischen Strukturen bestimmt, doch die Industrialisierung macht erhebliche Fortschritte. Bergwerke werden erschlossen – zu den Aufgaben von Evans sen. gehört unter anderem die Aufsicht über Kohlegruben –, und Kanäle erleichtern den Transport der Bodenschätze wie der Industrieerzeugnisse. In den Städten, also auch in Coventry und Nuneaton, erstarkt das Bürgertum, und die künftige Autorin lernt aus genauer Anschauung jene Menschentypen kennen, die später zum Beispiel das von ihr geschaffene Städtchen Middlemarch bevölkern. Virginia Woolf, die auch für diese Autorin offensichtliche Sympathie hegt, schreibt: »George Eliots Wesen hat sich reich und weit genug gezeigt, einen großen Kreis von Narren und Gescheiterten einzubegreifen, von Müttern und Kindern, Hunden und üppigen mittelenglischen Feldern, von Bauern bei ihrem Bier mit scharfem oder schwindendem Verstand, von Pferdehändlern, Gastwirten, Kaplanen und Zimmerleuten. Über allen liegt eine gewisse Romantik, die einzige Romantik, die sich George Eliot gestattete – die Romantik der Vergangenheit.« Heute muss man in Nuneaton allerdings genauer hinschauen, um diesen Zauber noch zu finden. Das »George Eliot Hotel« in der Hauptstraße ist eine laute Kneipe, in der bereits am Vormittag getrunken und sicher nicht gelesen wird. Erst wenn man durch die kleineren Städte von Warwickshire geht und dann übers Land und durch die Wälder fährt und dabei die Orte ihrer Kindheit wie Arbury Hall aufsucht, kann man noch ahnen, wie es früher aussah.

Hier wuchs Mary Anne sehr behütet auf und durfte sich fast als kleine Prinzessin fühlen – eine etwas bäuerliche Prinzessin, denn ihre

Kleinstädtisches Ambiente in Warwickshire

provinzielle Herkunft blieb längere Zeit erkennbar. Der Vater verwöhnt sie, der große Bruder Isaac, den sie bewundert, ist ein beschützender Spielgefährte, in den Häusern der Pächter wird sie hofiert. Zur Mutter scheint keine sehr enge und herzliche Beziehung bestanden zu haben; zumindest glaubt sich die junge Mary Anne von ihr nicht so geliebt. Zusammen mit der Schwester geht sie zur Schule, ist sehr brav, denn sie fühlt sich von daheim fortgeschickt, wohl ohne zu wissen warum, und möchte durch Artigkeit und richtiges Verhalten die anscheinend verlorene Zuneigung zurückgewinnen. An eine Freundin schreibt sie später, dass die Kindheit nur in der späteren Rückschau eine schöne und glückliche Zeit, in Wirklichkeit aber voller Sorgen und Nöte sei. Als dann auch ihr Bruder fort muss zur Schule, fühlt sie sich völlig allein, und diese Erfahrung scheint für ihr weiteres Leben prägend gewesen zu sein. Die Angst, zurückgewiesen zu werden und niemanden zu haben, der ganz zu ihr gehört, verließ George Eliot nicht mehr.

In ihrer Einsamkeit vergräbt sie sich in Bücher, liest so viel sie kann, erschafft sich eine eigene Welt und träumt davon, eines Tages Romane zu schreiben. Sie plant literarische Projekte, noch ohne zu wissen oder zu ahnen, wie sie diese verwirklichen kann. In diese Welt gehört auch die Religion, die einerseits die Tröstung eines intensiven evangelikalen Glaubens bereithält, andererseits eine intellektuelle Herausforderung bedeutet; Mary Anne lernt Latein und Griechisch, um den Urtexten möglichst nahezukommen. Französisch beherrscht sie bereits, wie es sich für eine junge Dame gehört, Italienisch kommt hinzu und Deutsch kann sie auch. Sie hat zwar keine Ausbildung, die über das hinausgeht, was für künftige Ehefrauen als notwendig erschien, aber sie verfügt über eine umfassende Bildung in Geistes- und Naturwissenschaften wie nur wenige Männer ihrer Zeit. Mit diesen Fähigkeiten hofft sie, weiterhin zur Schule gehen zu dürfen, vielleicht sogar auf dem Kontinent. Doch dann stirbt ihre Mutter und Mary Ann – 1837 hat sie ihren zweiten Namen geändert – muss jene Aufgaben übernehmen, zu denen unverheiratete Töchter verpflichtet waren: Betreuung des Vaters, Führung des Haushaltes, Bewirtung der Gäste.

Als ihr Bruder heiratet und das Anwesen übernimmt, zieht sie mit ihrem Vater nach Coventry – schweren Herzens, weil Griff House trotz allem für sie der »Garten Eden« ihrer Kindheit und Jugend war. Heute ist Griff House ein Pub, an verkehrsreicher Straße in unwirtlichem Industriegelände gelegen, das dem Besucher kaum noch eine Ahnung von der früheren Idylle erlaubt. In Coventry gewinnt Mary Ann neue, wohlhabende Freunde. Charles und Cara Bray sind Freidenker, mit denen sie intensiv religiöse Fragen diskutiert und die sie in ihren Zweifeln bestärken. Sie entsagt ihrem Glauben, weigert sich, künftig noch mit ihrem Vater den Gottesdienst zu besuchen. Damit beginnt das, was sie den »Heiligen Krieg« nennt. Der Vater ist entsetzt, fürchtet um sein Ansehen und das seiner Tochter, will sie aus dem Haus weisen und enterben. Nach langen, psychisch sehr belastenden Auseinandersetzungen und in der Erkenntnis, ökonomisch

gebunden zu sein, findet sich Mary Ann zu einem Kompromiss bereit: Um das Dekorum zu wahren, geht sie wieder mit in die Kirche,
ohne jedoch ihren Überzeugungen zu entsagen. In diesem Streit ist
sie sich ihrer Stärke bewusst geworden, ihrer inneren Selbstständigkeit, zugleich aber auch ihrer sozialen Abhängigkeit. Und sie muss
erkennen, dass nicht Krieg, sondern eher Diplomatie und Zurückhaltung bei der Durchsetzung ihrer Interessen hilfreich sind. In einem
Essay schreibt Virginia Woolf, voller Mitgefühl für die Probleme der
jungen George Eliot: »Ihre Entwicklung verlief sehr langsam und
sehr schwierig, dahinter aber wirkte die unwiderstehliche Triebkraft
eines tiefverwurzelten, noblen Strebens. Jedes Hindernis wurde letzten Endes aus dem Wege geräumt. Sie kannte alles. Sie las alles. Ihre
erstaunliche geistige Vitalität hatte gesiegt.«

In dieser schweren Zeit und auch danach stützen sie ihre Freunde,
vor allem die Brays aus der Nachbarschaft, in deren Haus sie häufig
und über längere Zeit zu Gast ist. Diese achten auf Reputation, leben
aber in einer »offenen Ehe«, weil vor allem der Mann meint, dass
Monogamie recht eigentlich für vernünftige Menschen nicht erträglich sei. Mary Ann wird hier mit Lebensweisen konfrontiert, die ihre
Einstellung zu Liebe und Ehe nicht unwesentlich beeinflusst haben
dürften. Inzwischen hat sie sich auch unter den Männern in ihrem
Bekanntenkreis umgesehen, doch werden ihr, wie sie leidvoll erfahren muss, attraktivere Frauen vorgezogen. Gewissermaßen zur Ablenkung übersetzt sie das Hauptwerk des kritischen deutschen Theolo-
gen und Hegelschülers David Friedrich Strauss, DAS LEBEN JESU, ins
Englische – eine Arbeit für zwei Jahre und wenig Honorar. Als ihr
Vater krank wird, übernimmt sie selbstverständlich die intensive
Pflege und erlebt eine Zeit der Anstrengungen und des Verzichts, aber
auch glücklicher Befriedigung. Nach dessen Tod 1849 erben die beiden Brüder fast alles, die Schwestern nur sehr wenig, jedenfalls nicht
genug, als dass Mary Ann sich nicht Gedanken machen müsste, wie
sie ihren Lebensunterhalt verdienen kann. Zuerst reist sie aber mit
den Brays auf den Kontinent und bleibt dann allein für längere Zeit
in Genf bei dem Maler D'Albert und dessen Frau – eine Liaison mit
dem kleinwüchsigen Monsieur wird nicht ausgeschlossen. Obwohl
Marian, so nennt sie sich von 1850 an, durchaus eine Ehe wünscht,

verliebt sie sich zumeist in verheiratete Männer und geht mit diesen engere Verbindungen ein.

Einer ihrer Partner ist John Chapman, ein Buchhändler, Verleger und Journalist mit bewegter Vergangenheit und einer noch bewegteren Gegenwart, an der Marian Evans teilhat. Chapmans Wirkungsstätte ist das Haus 142 Strand, ein Zentrum progressiver, wenn nicht gar radikaler Intellektueller im viktorianischen London, in dem unten gearbeitet und oben gelebt wird. Ihm gelingt es, die berühmtesten Journalisten, Philosophen und Autoren der Zeit um sich zu versammeln und ihre Unterstützung zu gewinnen: Von Dickens bis Carlyle, von Herbert Spencer bis Harriet Martineau gehören vor allem liberale Autoren dem Kreis an, der sich zu Gesprächen und Dinnerpartys trifft. Marian hatte Chapman bereits früher bei den Brays kennengelernt, und sie sieht in der Rezensionstätigkeit für ihn die Möglichkeit, einen auskömmlichen Verdienst zu finden und ihr Leben dem Schreiben zu widmen – und das in der Großstadt, von der sie Unabhängigkeit und Emanzipation vom Provinziellen erhofft. Da in dem großen Haus auch Zimmer vermietet werden, zieht Marian ein, allerdings

kaum zur Freude von Chapmans Frau und seiner Geliebten, mit denen er eine *ménage à trois* führt. Marian stört als dritte Frau dieses
Arrangement, denn ihre Beziehung zu Chapman bleibt nicht nur
geistiger Natur. Frau und Geliebte verbünden sich, und Marian muss
ausziehen. Sie kehrt aber zurück als wichtigste Mitarbeiterin der
WESTMINSTER REVIEW, einer Zeitschrift, die Chapman gekauft hat
und zu deren prominentesten Beiträgern Herbert Spencer und John
Stuart Mill gehören. Spencer, ein intellektueller Egozentriker mit
Halbglatze, wird die neue Liebe von Marian Evans, allerdings wieder
eine, der die Erfüllung nicht beschieden ist. Spencer ist Junggeselle,
und er schätzt den geistigen Austausch mit Marian, doch ihre weiter
gehenden Interessen gefallen ihm nicht, genauso wenig wie ihr Äußeres – für eine Liebesbeziehung ist sie dem eitlen Mann zu hässlich.
Eine dauerhafte Nähe gibt es erst nach dem Tod: Ihre Gräber auf dem
Friedhof Highgate liegen dicht beieinander!

Zum Missfallen ihres Bruders Isaac bleibt Marian in London und
lebt dort in einer Ungebundenheit, die schlimmste moralische Verfehlungen, vor allem aber eine Selbstbestimmung befürchten lässt,
die in der Mitte des 19. Jahrhunderts für Frauen nicht vorgesehen war.
Auch die Tatsache, dass seine Schwester finanziell unabhängig wird
und sein Machtmittel, als Treuhänder ihres Erbes Gelder anzuweisen
oder zurückzuhalten, kaum noch Wirkung zeigt, verstimmt ihn sehr.
Allerdings verdient Marian noch nicht so viel, als dass sie unbesorgt
in die Zukunft schauen könnte, denn der Publizist Chapman ist ständig von Insolvenz bedroht, was die Sicherheit ihres Auskommens
erheblich beeinträchtigt. Aber er und Spencer, der eine knapp an
Geld, der andere knapp an Gefühlen, leisten etwas Wesentliches für
Marian – durch die beiden Männer macht sie die Bekanntschaft von
George Henry Lewes. Endlich hat sie jemanden gefunden, der sie
nicht zurückweist und der ganz zu ihr gehört – fast ganz, denn wie die
meisten Liebhaber von George Eliot ist er verheiratet, doch die Ehe
steht nur noch auf dem Papier. Seine Frau hat ein Verhältnis mit dem
Freund der Familie begonnen, und da Lewes die Kinder aus dieser
Verbindung anerkennt und unterstützt, hat er den Ehebruch sanktio-
niert und kann sich nicht mehr scheiden lassen; George Eliot wird
sich künftig dennoch Mrs. Lewes nennen. Die Gesellschaft weiß nicht

Häuserfront im Georgian Style in Warwickshire

um seine Anständigkeit, sondern sieht nur die scheinbare Unmoral in der Beziehung.

Lewes ist Kritiker, Dramatiker, Literaturwissenschaftler; er macht vieles, aber vor allem eines: Er betreut seine Lebensgefährtin Marian Evans, ermutigt sie zu schreiben, hält böse Kritiken von ihr fern, kümmert sich um die Finanzen, verhandelt mit den Verlegern und ist ein männlicher Abkömmling des »Engels im Haus«. Eine Schriftstellerkollegin stellt neidisch fest, durch Lewes' Fürsorge habe George Eliot gewissermaßen wie in einem »geistigen Treibhaus«, also ungestört von den rauen Winden des täglichen Lebens existieren können. Auch Lewes gilt als hässlich (sein Spitzname ist »Ape«), doch Fotografien von ihm zeigen einen etwas wirr frisierten Bartträger, der gar nicht unapart wirkt. Und er ist geistreich, witzig, klug, belesen, lebenstüchtig und noch vieles andere, was der Beziehung der beiden zugute kommt, diese lebendig erhält und glücklich werden lässt. Entspre-

chend viktorianischer Moral ist Lewes, der Schwerenöter, gern gesehen in der Gesellschaft, George Eliot hingegen die »gefallene Frau«,
lange Zeit gemieden von eben dieser Gesellschaft und von ihrem Bruder verstoßen. Aber wer einen »Heiligen Krieg« überstanden hat,
übersteht auch soziale Ächtung – vor allem, weil sie kompensiert wird
durch eine enge Liebesbeziehung, die fast 25 Jahre dauert bis zu Lewes' Tod 1878.

1854 aber reisen sie erst einmal nach Deutschland; Lewes will für
sein Goethe-Buch forschen, Marian Evans schreibt Rezensionen, und
gemeinsam erleben sie eine Art Flitterwochen, einen Skandal erwar-
tend, wenn sie nach England heimkehren. Zurück in London suchen
sie eine gemeinsame Wohnung, und nach vielen Umzügen lassen sie
sich am Regent Park nieder. Durch Lewes' Begeisterung ermutigt,
beginnt Marian Evans endlich, Romane zu schreiben, und auch wenn
der Titel ihres ersten Werkes, SCENES OF CLERICAL LIFE (1858), noch
nicht sehr aufregend klingt, so ist doch ein Anfang gemacht. Und zu
diesem Anfang gehört auch ein neuer Name, ein männliches Pseudonym. Damit will sie vor allem einer negativen Rezeption und
schlechten Verkaufszahlen wegen der gesellschaftlichen Vorbehalte
gegen ihre Lebensweise zuvorkommen, aber sie befürchtet auch –
darin den Brontës ähnlich – eine unangemessene Fokussierung der
Kritik auf ihre Weiblichkeit. Sie wählt den *nom de plume* George Eliot,
so erklärt sie später, weil George der Vorname von Lewes ist und Eliot
ein Wort, das den Mund füllt und leicht auszusprechen ist. Dass sie
damit dem Publikum ein Rätsel offeriert, das dringend gelöst werden
will, ist ihr nicht gleich klar.

Von nun an erscheinen alle Werke bis auf eine Ausnahme beim
Verlag Blackwood in Edinburgh – eine für beide Partner äußerst pro-
fitable Zusammenarbeit beginnt. Bereits ihr nächster Roman ADAM
BEDE (1859) wird ein großer Erfolg bei Kritik und Leserschaft, und das
gilt für alle weiteren Bücher. Die Auflagezahlen bestimmten sich da-
mals vornehmlich nach dem Bedarf der Leihbibliotheken, die soge-
nannte »Dreidecker« forderten; das heißt, ein Roman hatte in drei
Bänden zu erscheinen, um das Publikum auf den jeweils nächsten
Band neugierig zu machen und den Umsatz zu erhöhen. Die größte
Leihbücherei war die von Charles Edward Mudie, der in nicht gerin-

gem Maße das Schreib- wie Leseverhalten im 19. Jahrhundert bestimmte, da der Erwerb der teuren Bücher nur wenigen möglich war.

1872 erschien Eliots wichtigster Roman MIDDLEMARCH, der detailliert das Leben in einer Kleinstadt in den Midlands beschreibt und in dessen Mittelpunkt eine junge Frau steht, die ihrem Leben Sinn geben möchte, indem sie einem ältlichen Wissenschaftler bei dessen Arbeit beisteht. Dabei will sie nicht wahrhaben, dass sein wissenschaftlicher Ansatz überholt ist und sie nur ausgenutzt wird. Nach dessen Tod heiratet sie endlich aus Liebe, bekommt aber auch in dieser Ehe nur eine dienende Rolle zugewiesen. Neben diesen Personen treten unzählige Menschen auf, die das ganze Spektrum der viktorianischen Gesellschaft anschaulich machen. George Eliot übt hier zwar nur verhalten, aber dennoch erkennbar Kritik an der Rolle der Frau in ihrer Zeit, und das wird auch dadurch deutlich, dass die weiblichen Figuren (übrigens nicht nur in diesem Roman) Gegenbilder zu der Autorin sind. Virginia Woolf, die zu Beginn ihres Essays über Eliot feststellt, dass Ende des 19. Jahrhunderts, vermutlich durch die spröde und unsensible Biografie des Ehemannes, der Zauber George Eliots gebrochen sei, betont aber auch, dass MIDDLEMARCH »bei all seinen Unvollkommenheiten zu den wenigen englischen Romanen gehört, die für erwachsene Menschen geschrieben sind«.

Erfolg schafft Freunde, und so ist es nicht verwunderlich, dass die gesellschaftliche Isolierung, in der George Eliot bisher leben musste, zunehmend durchbrochen wird und sie für einen großen Freundes- und Bewundererkreis jour fixe halten kann. Und da die stattlichen Honorare, die sie im Laufe der Jahre erzielt, sie zu einer wohlhabenden Frau gemacht haben, kann sie jetzt ein großes Haus führen, in dem auch die Londoner Prominenz gerne zu Gast ist. Selbst im Königshause schätzt man die Autorin, und Töchter von Queen Victoria suchen die Begegnung mit ihr. George Eliot wird im Laufe der Jahre eine Autorität in Fragen von Literatur und Wissenschaft und zugleich eine der bedeutendsten Persönlichkeiten ihrer Zeit. Ihre Stärke bezieht sie aus der Sicherheit persönlichen Glücks – die Lebensgemeinschaft mit Lewes ist ein Fundament ihrer Existenz –, und die Anerkennung als Autorin schafft Selbstvertrauen. Vor allem gesundheitli-

che Schwächen beeinträchtigen das Wohlbefinden des reichen Paares, doch man glaubt, dieses mit Kuren zum Beispiel in Bad Homburg wiederherstellen zu können. Lewes nimmt seine Beschwerden nicht recht ernst, und umso größer ist der Schock, als er 1878 stirbt.

Eliot verharrt lange in tiefster Trauer; der erste, der Zugang zu ihr erhält, ist John Cross, Freund und Finanzberater. Im Mai 1880 heiraten sie – George Eliot ist endlich, nach konventionellem Verständnis, eine ehrbare Frau. Gemeinsam sucht man ein neues Haus und zieht nach Chelsea, 4 Cheyne Walk. Ihr Ehemann ist mehr als zwanzig Jahre jünger als sie, und das dürfte ihre Beziehung nicht unproblematisch gemacht haben. Doch schon am 22. Dezember 1880 stirbt George Eliot, wahrscheinlich an einem Nierenleiden. Freunde sind bestrebt, die große Literatin in der Westminster Abbey beisetzen zu lassen, doch da ihre Kirchenferne bekannt ist, wird der Wunsch nicht erfüllt. Sie findet ihr Grab in Highgate, neben Lewes.

# Virginia Woolf

Ein lauer Sommerabend in London 1910. Im dicht bewachsenen Garten des Gordon Square, dessen hohe Bäume Kühle spenden, spielen Kinder auf dem Rasen, während Erwachsene beieinander sitzen, reden, lachen, trinken und diskutieren und der langsam untergehenden Sonne zuschauen. Nach dem Ort ihrer regelmäßigen Zusammenkünfte werden sie im Laufe der Jahre den Namen »Bloomsbury Group« erhalten, der literarischen Einfluss und künstlerische Kontroverse gleichermaßen bedeutet. Mitten unter ihnen Virginia Woolf, die damals noch Virginia Stephen heißt; sie denkt bereits über ihren ersten Roman nach, und später wird sie nie einen Text, sei es ein Roman oder ein Essay, mit solchen Sätzen beginnen lassen, wie sie am Anfang dieses Kapitels stehen. Denn die Banalität der bloßen Beschreibung könnte nicht der Vielfalt der Welt, nicht dem Reichtum an Gedanken, nicht der Verschiedenartigkeit von Gefühlen, nicht der Fülle möglicher Assoziationen gerecht werden, die Virginia Woolf in subtiler Verschränkung in ihrem Werk darstellen möchte. Ein Roman von ihr kann mit einem träumerischen Blick auf das Meer beginnen: »Die Sonne war noch nicht aufgegangen. Meer und Himmel ließen sich nicht unterscheiden, nur dass das Meer leicht gefältelt war wie ein zerknittertes Tuch.« (DIE WELLEN) Oder mit einem Hinweis auf die Jahreszeit: »Es war ein launischer Frühling. Das Wetter, sich ständig verändernd, jagte Wolken aus Blau und Violett über die Erde.« (DIE JAHRE) Manchmal lässt sie auch gleich die Hauptperson auftreten und gibt Einblick in deren Gefühle: »Mrs. Dalloway sagte, sie wolle die Blumen selber kaufen. Denn Lucy hatte schon genug zu bestellen. [...] Und dann, dachte Clarissa Dalloway, was für ein Morgen –

frisch, wie geschaffen für die Kinder am Strand.« (MRS. DALLOWAY) Mitten in London, mitten im Verkehrsgewühl von Westminster hat Clarissa Dalloway intensive Assoziationen an Kindheit und Meer, an eine Realität, die sich nur dem Suchenden nach der verlorenen Zeit erschließt.

Es ist eine neue Art zu schreiben und zu beschreiben, die die Innenwelt der Personen ins Zentrum der Darstellung rückt, die Außenwelt möglichst in der Perspektive des jeweiligen Individuums erfasst und sie häufig im inneren Monolog dem Leser, der Leserin vermittelt. In der Technik des »Bewusstseinsstroms« offenbart sich die Sensibilität der Welterfassung bei Virginia Woolf – und damit zugleich die Schwierigkeit, die dem Vorgang des Schreibens innewohnt. Kaum eine der Autorinnen, die im vorliegenden Buch vorgestellt werden, ist derartig skrupulös in Bezug auf ihre Arbeit und keine reflektiert ihr Schreiben so intensiv wie Virginia Woolf. Zu ihrem Selbstverständnis als Autorin gehören das Wissen um die Probleme des Schreibens, zugleich jedoch das Gefühl des Glücks, wenn sich eine Idee, ein Entwurf entwickelt, und dann der Zweifel und die Sorge, wenn ein Werk abgeschlossen ist und der Öffentlichkeit übergeben wird. Und so erscheint das Glück von Virginia Woolf immer gefährdet, können Krankheit und Schwäche die Kreativität behindern – ein Eindruck, der durch die Fragilität ihrer Person noch verstärkt wird. Doch dieser Eindruck darf nicht darüber hinwegtäuschen, dass sie in einem Punkte immer entschlossen und voller Durchsetzungskraft war: Wenn es um ihre schriftstellerische Arbeit ging, war sie zu keinem Kompromiss bereit. Und diesem Ziel ordnete sich auch ihr Mann unter, dessen übertriebene Fürsorge wahrscheinlich notwendig, manchmal allerdings auch einengend war. Dieser Umgang des Ehepaares miteinander hatte freilich eine lange Vorgeschichte.

Der Londoner Stadtteil Kensington, mit Park und königlichem Schloss, war im 19. Jahrhundert durchaus *fashionable* und vornehm. Hier kommt Virginia Woolf in 22 Hyde Park Gate als Virginia Adeline Stephen zur Welt. In dem großen Hause wohnt eine große Familie, da die Eltern verwitwet sind und jeweils eigene Kinder in die Ehe bringen, in der dann noch zwei Mädchen und zwei Jungen geboren werden. Der Vater, Sir Leslie Stephen, ist Literaturkritiker, Essayist

ROUND POND · KENSINGTON GARDENS ·

und Biograf, die Mutter, Julia Prinsep Stephen, führt den Haushalt und sorgt mildtätig für Arme und Kranke in der Stadt. Kensington Gardens ist der Erholungsort in London, beliebt sind Spaziergänge dort mit den Geschwistern und Spiele mit dem Vater, mit dem man ein Segelboot auf dem Pond schwimmen lässt. Während der Ferienmonate reist die Familie nach Cornwall, wo man das Talland House in St. Ives – mit Blick auf den Godrevy Leuchtturm – gemietet hat. Die Erinnerung an dieses Haus, an den Garten, an das Leben mit der Familie und an das Meer bleiben der jungen Virginia so intensiv im Gedächtnis, dass sie später Eingang finden in ihre wichtigsten Romane – in Zum Leuchtturm (1927) und in Die Wellen (1931).

Wie viele Frauen ihrer Zeit leidet auch Virginia darunter, dass sie im Gegensatz zu ihren Brüdern keine formale Bildung erhält – Thoby und Adrian nämlich studieren am Trinity College in Cambridge, und die Mädchen dürfen sie höchstens einmal besuchen. Allerdings unterrichten die Eltern und Hauslehrer sie in den wichtigsten Fächern, und auch Latein und Griechisch stehen auf ihrem Stundenplan. Da der Vater – im obersten Stockwerk des Hauses residierend – über eine    65 wohlsortierte Bibliothek verfügt, aus der sich seine Tochter ohne Einschränkungen bedienen kann, hat er kaum ein schlechtes Gewissen und Virginia einen ungehinderten Zugang zu den Geisteswissenschaften und zur Literatur.

1895 stirbt die sehr geliebte Mutter, und Virginia erleidet ihren ersten Zusammenbruch, dem eine tiefe Depression folgt. Auch später wird sie immer wieder in existenziell verstörenden Situationen psychisch kollabieren und sogar von Selbstmordgedanken heimgesucht werden. Die Kinder bleiben mit dem Vater zurück, der vor allem die Töchter, die pflichtgemäß für ihn sorgen, in melodramatischem Selbstmitleid drangsaliert. Obendrein haben die Stiefbrüder die Situation der beiden Schwestern zu sexuellen Attacken ausgenutzt – Virginia beschreibt später in ihren Erinnerungen mit Abscheu die verwerflichen Annäherungen der beiden jungen Männer. Der eine von ihnen, George Duckworth, übernimmt unaufgefordert die Rolle eines Vormundes, da junge Frauen angeblich dringend dessen bedürfen. Er führt Virginia und Vanessa in die Gesellschaft ein und hat ein kritisches Auge auf die Kleidung der Schwestern, wobei seine Äußerungen darüber nicht selten verletzend und herabwürdigend sind. Zeit ihres Lebens ist Virginia, deren außerordentliche Schönheit von Freunden gerühmt und von Bildern bestätigt wird, sehr unsicher in der Auswahl ihrer Garderobe, dabei schwankend zwischen demonstrativer Nachlässigkeit und deutlicher Eitelkeit.

Nach dem Tod des Vaters verkaufen die Kinder das Haus und ziehen 1905 in den weniger angesehenen Stadtteil Bloomsbury nahe dem Britischen Museum mit der berühmten Bibliothek. Dort mieten sie das Haus 46 Gordon Square, und sehr bald finden sich die Freunde des ältesten Bruders Thoby regelmäßig zu Gesprächsrunden zusammen, bei denen auch die Schwestern Virginia und Vanessa, die Malerei studiert, zugelassen werden – ein für die Konventionen der damaligen Zeit ungewöhnliches Ereignis. Mit diesen Zusammenkünften konstituiert sich die bald so genannte Bloomsbury Group, zu der Schriftsteller wie Lytton Strachey und E. M. Forster, politisch Engagierte wie Leonard Woolf, Maler wie Roger Fry, Wissenschaftler wie John Maynard Keynes und Kunsthistoriker wie Clive Bell gehören.

Auch die vermögende Lady Ottoline Morell, eine aristokratische Gesellschaftsdame, schließt sich später dem Kreis an, in dem sie mäzenatisch wirkt und die Mitglieder der Gruppe regelmäßig an den Bedford Square oder in ihr Anwesen Garsington Manor nahe Oxford einlädt, was ihr die spitzzüngigen und anspruchsvollen Künstler nicht immer zu danken wissen. Doch nicht nur bissig, sondern auch und vor allem offen wird diskutiert – weniger über Gott als über die Welt und nicht selten über sexuelle Themen, was bei dem munteren Kreuz und Quer der Beziehungen hetero- wie homosexueller Art unter den Gruppenmitgliedern auch nicht verwundert.

Als Vanessa kurz nach dem Tode Thobys dessen Freund Clive Bell heiratet, ziehen Virginia und ihr Bruder Adrian in Bloomsbury um und mieten sich zusammen mit Leonard Woolf und dem Maler Duncan Grant ein anderes Haus. Auch dies wirkt schockierend, lebt doch die junge Frau allein mit drei Männern zusammen. Wenn man es genau nimmt, ist die Bloomsbury Group eine Art Kommune, in der die Menschen sich immer nah sind, jedoch ihre Selbstständigkeit wahren, da sie über eine große eigene »Wohn- und Lebensfläche« verfügen. Konflikte, Intrigen, Klatsch und andere Gemeinheiten sind unter diesen Intellektuellen genauso üblich wie in Familien und anderen Gruppen, und besonders gefürchtet für ihre lockere Zunge ist Virginia, die inzwischen Woolf heißt. Sie hat 1912 den Heiratsantrag von Leonard Woolf angenommen, ihm aber noch vor der Ehe versichert, dass sie ihn zwar nach bestem Vermögen liebe und sich eine Verbindung vorstellen könne, aber keinerlei erotische Anziehung verspüre. Trotz dieses wenig enthusiastischen Beginns bleiben die beiden fast dreißig Jahre zusammen bis zu Virginias Selbstmord 1941 während einer erneuten depressiven Phase. In ihrem Abschiedsbrief an Leonard schreibt sie: »Du warst in jeder Hinsicht alles, was jemand mir sein konnte. Ich glaube nicht, dass zwei Menschen glücklicher hätten sein können bis diese schreckliche Krankheit kam. [...] Ich will sagen, dass ich alles Glück meines Lebens Dir verdanke.«

Zu diesem Glück gehört auch ihre Fähigkeit, das Genre des Romans weiterzuentwickeln, ihm die Struktur einer eigenen Realität zu geben, wobei es ihr darauf ankommt, die Vielheit der Welt in die Einheit eines Textes zu fassen, ohne die Mannigfaltigkeit zu negieren. Und wie viele Autorinnen schreibt sie von Kindheit an. Mit ihren

Gordon Square im Londoner Stadtteil Bloomsbury

Geschwistern bringt sie die Hyde Park Gate News heraus, eine Art Familienzeitung, in der die täglichen Erlebnisse der Stephens humorvoll dargestellt werden. Als sie älter ist, beginnt sie Literaturkritiken zu verfassen, unter anderem für die TIMES, aber ihr eigentliches Ziel ist es, Romane zu schreiben, mit denen sie dem Publikum ein Verständnis dafür vermitteln will, wie man mit Prosa die Realität neu und anders erfassen und zeigen kann. Von nicht unwesentlicher Bedeutung war für sie die Begegnung mit den »Nach-Impressionisten« wie Cézanne, Derain, Manet und van Gogh, für die Roger Fry im Winter 1910 eine Ausstellung organisierte. Geradezu legendär ist Virginia Woolfs nur teilweise ernst gemeinte Äußerung dazu, dass sich am oder um den 10. Dezember herum das menschliche Wesen geändert habe – geändert aber hat sich ihr eigenes Verständnis von Dichtung, ihr wurde bewusst, wie eine der Moderne adäquate Beschreibung der Realität auszusehen habe. 1915 erscheint ihr erster Roman DIE FAHRT HINAUS, doch ihre Vorstellungen vom modernen Roman – er habe

das Erfassen der Welt durch das individuelle Bewusstsein des Protagonisten darzustellen – beginnen sich erst in JACOBS ZIMMER (1922)
zu konkretisieren.

1925 wird MRS DALLOWAY veröffentlicht, und die Kritik rühmt das
Neue, das Besondere des Erzählens, dabei auf Anklänge an Joyce und
Proust verweisend. Wie Joyce das Leben von Leopold Bloom in Dublin an einem Tag beschreibt, so schildert Virginia Woolf das Leben
von Clarissa Dalloway, einer Frau der Gesellschaft, an einem Tag in
London. Dieser Tag führt sie bei den Besorgungen für die Abendein-
ladung – der Premierminister wird erwartet – durch die Straßen und
Läden der Hauptstadt. Und Big Ben schlägt die Stunden und teilt den
Tag, weshalb der Roman ursprünglich auch DIE STUNDEN heißen
sollte. Parallel dazu vollzieht sich das Schicksal des im Ersten Weltkrieg psychisch verletzten Septimus Warren Smith, der Selbstmord
begeht, nachdem er von ignoranten Nervenärzten unsachgemäß behandelt wurde – Virginia Woolf konnte hier auf ihre eigenen Krank-
heitserfahrungen zurückgreifen. Bedeutsam für Clarissa Dalloway ist
das Bewusstsein eines unerfüllten Lebens in der Gegenwart und die
Erinnerung an ein erfüllteres, vielversprechendes in der Vergangenheit, an mögliche Verbindungen, abgelehnte Beziehungen und an die
einzige wirkliche Leidenschaft ihres Lebens – ihre Freundin Sally, die
ihr die wichtigste Erfahrung ihrer Existenz verschafft. Als Sally bei ihr
zu Besuch ist, »kam der köstlichste Augenblick in ihrem ganzen Leben, als sie an einer steinernen Urne voller Blumen vorbeikamen.
Sally blieb stehen; pflückte eine Blume, küsste sie auf die Lippen. Die
ganze Welt hätte Kopf stehen können.«

Clarissa Dalloway geht in London die Wege Virginias, auch wenn
diese ihre Bücher nur selten bei Hatchard's in Piccadilly kaufte. Aber
seit ihrer Kindheit lebt Virginia in London, und die Metropole ist in
ihrem Werk fast ständig gegenwärtig. Allerdings zieht Virginia nach
ihrer Heirat und einem weiteren Nervenzusammenbruch mit Leonard für einige Zeit nach Richmond. Im Hogarth House an der Para-
dise Road gründen sie die Hogarth Press (1917), die Virginia Ablenkung und körperliche Betätigung verschaffen soll, denn sie arbeitet
auch selbst an der etwas altertümlichen Druckerpresse. Nach einiger
Zeit aber gelingt es Virginia, Leonard zur Rückkehr nach London zu

bewegen, weil die Wege zu lang und die gesellschaftlichen Verpflichtungen zu umfangreich sind. Natürlich zieht man wieder nach Bloomsbury, dieses Mal an den Tavistock Square 52. Das Haus wurde im Krieg zerstört, an seiner Stelle steht heute ein Hotel; direkt gegenüber auf dem Square wird die Erinnerung an Virginia Woolf durch eine 2004 von der Virginia-Woolf-Gesellschaft errichtete Büste wachgehalten.

Von Anfang an haben die Woolfs Erfolg mit ihrem Verlag, und es sind nicht nur die engen Freunde, die bei ihnen die geplanten Publikationen subskribieren. Bald veröffentlichen sie auch die Werke anderer, und Virginia betätigt sich als Lektorin – einerseits eifrig, andererseits überlastet, weil das Lektorat ihr die Zeit für das eigene Schreiben abzieht. Aber der Besitz eines Verlages befreit sie auch von den Rücksichten und Einschränkungen, die ein Autor normalerweise in Kauf nehmen muss, will er vorteilhaft mit einem Unternehmen zusammenarbeiten. Im Laufe der Zeit wird die Hogarth Press kommerziell erfolgreich, was dem Ehepaar Woolf die größten finanziellen Sorgen nimmt, denn Virginia hat nur ein schmales Erbe und Leonard verdient als Redakteur auch nicht viel.

Den meisten Gewinn von allen Autoren des Verlages bringt für geraume Zeit Vita Sackville-West, die aristokratische Lady aus einem alten Geschlecht, das schon Königin Elisabeth I. diente. Als die Hochwohlgeborene, wie Virginia sie später gerne nennt, ihre ersten Einladungen im Bloomsbury Kreis absolviert, tritt sie mit großer Selbstsicherheit auf. Virginia aber ist enttäuscht. In ihrem Tagebuch notiert sie über Vita: »[...] blühend, bärtig, sittichfarben, mit der ganzen aristokratischen Gewandtheit und Ungezwungenheit, aber ohne künstlerischen Esprit.« (15. Dezember 1922) Doch diese Einstellung ändert sich allmählich, denn Vita gewinnt an Attraktivität – auch wenn Vorbehalte bleiben. Zwei Monate später schreibt Virginia: »[Vita] ist eine ausgesprochene Sapphistin, & wirft vielleicht [...] ein Auge auf mich, obwohl ich alt bin. [...] Versnobt wie ich bin, verfolge ich ihre Leidenschaften 500 Jahre zurück, & sie werden romantisch für mich, wie alter gelber Wein.« (Tagebuch, 19. Februar 1923) Zwei Jahre später gibt sie sich bereits lustvoll höchst sinnlichen Vorstellungen hin; an Vita schreibt sie im August 1925: »Ich habe eine vollkommen romantische

Monk's House in Rodmell

und zweifellos unrichtige Vision von Dir im Kopf – wie Du in einem
großen Bottich in Kent Hopfen stampfst – splitterfasernackt, braun
wie ein Satyr, und sehr schön. Erzähl mir nicht, dass das alles eine
Illusion ist.« Vier Monate darauf sind sie ein Liebespaar. Doch Virginias leidenschaftliche Zurückhaltung und Vitas rücksichtslose Leidenschaftlichkeit, mit der sie nach immer neuen Eroberungen strebt,
lassen die Liebesbeziehung schließlich in die ruhigeren Bahnen einer
innigen Freundschaft gleiten, die bis zu Virginias Tod dauert.

Während Vita in Kent und London lebt, ist für Virginia der Rück-
zugsort außerhalb der Metropole die Gegend um Lewes in East Sussex. Schon früh mietet sie sich dort ein Haus, und als ihr gekündigt
wird, sucht sie zusammen mit Leonard eine neue Bleibe. 1919 erstei-
gern sie im Hotel White Hart in Lewes Monk's House in Rodmell, ein
nicht sonderlich komfortables Haus, das aber einen großen Garten
hat, den Leonard mit Eifer in seine Obhut nimmt, während Virginia
mit ihren Honoraren dafür sorgt, dass Modernisierungen und Erwei-
terungen das Cottage wohnlicher machen. Sie bekommt ein Schlaf-
zimmer angebaut, zu dem man allerdings nur durch den Garten gelangt. Auch zur Schreibhütte am Gartenzaun, Virginias Arbeitsplatz,

muss man bei Wind und Wetter durch das offene Gelände; die Laube mit Veranda eröffnet im Sommer zwar den Blick in die Weite der South Downs und in die Blütenpracht des Gartens, entbehrt aber in kälteren Zeiten jeglicher Behaglichkeit. Das Haus ist heute im Besitz des National Trust und kann besichtigt werden, wobei dem Besucher das Eindringen in die Privatheit auch von Prominenten – trotz Neugier und literarischem Interesse – immer etwas unangenehm ist. Den Garten jedoch, blumenreich und farbenfroh, genießt man ohne schlechtes Gewissen, dabei den Büsten von Leonard und Virginia Reverenz erweisend.

In Rodmell sorgen wie in London Dienstboten dafür, dass sich die Woolfs ganz dem Schreiben widmen können, denn selbst in ökonomisch bedrängten Zeiten stand die Beschäftigung von Hausangestellten nie in Frage. Insofern hatte Virginia den Kampf mit dem »Engel im Haus« längst beendet (sofern sie ihn je geführt hat), aber nicht nur weil sie über Dienstmädchen verfügte, sondern vor allem auch deswegen, weil sie einen Ehemann hatte, der nicht mehr dem traditionellen Rollenverständnis verhaftet war.

Natürlich machten die Woolfs auch regelmäßig Urlaub, zumeist auf dem Kontinent in Frankreich und Italien; Ferien waren für Virginia von klein auf fester Bestandteil ihres Lebens. Den nachhaltigsten Eindruck hinterließen bei ihr die Reisen nach St. Ives, bei denen der gesamte Haushalt an die Küste Cornwalls verlegt wurde. Die idyllische Zeit am Meer, das morgendliche Aufwachen bei Wellenrauschen und Sonnenschein – in Ferien regnet es nie – war das Paradies der Kindheit, aus dem man nicht durch den Sündenfall, sondern durch familiäre Katastrophen wie den Tod der Mutter vertrieben wurde. Aber kleine Parzellen des Paradieses kann man zurückgewinnen, wenn man schreibt, und Virginia lässt einen nicht geringen Teil ihrer Erinnerungen an die Zeit in dem kleinen Fischerort mit dem weißen Leuchtturm in der Ferne, einem Traumziel für Kinder, zur fiktiven Realität werden in ihrem Roman ZUM LEUCHTTURM, in dem die Familie Ramsay ihre Ferien am Meer in einem Haus mit einem wunderbaren Garten verlebt.

Mr Ramsay ist ein Wissenschaftler, dessen nüchterne Rationalität es ihm nicht erlaubt, dem Seelenfrieden der Kinder zuliebe auf Ge-

Blick auf St. Ives, Cornwall

fühle Rücksicht zu nehmen – der sehnliche Wunsch seines Sohnes, zum Leuchtturm zu fahren, wird auf verletzende Weise abgeschmettert mit dem Hinweis auf schlechtes Wetter am nächsten Tag. Mrs Ramsay versucht zu trösten – den Sohn, den Mann und auch die vielen Gäste im Haus, da es immer wieder zu Spannungen kommt. Einer dieser Gäste ist die Malerin Lily Briscoe, die beobachtend und an sich selbst zweifelnd das Leben ringsum wahrnimmt und das perfekte Bild zu schaffen versucht. Nach diesen Ferien vergeht im Roman eine lange Zeit, in der die Mutter und eine Tochter sterben und ein Sohn im Kriege fällt. Bei der Rückkehr ans Meer findet endlich die Fahrt zum Leuchtturm statt, Vater und Sohn gelangen zu guter Letzt zu einem gewissen Einverständnis, und die Malerin vollendet ihr Bild.

Die wesentliche Handlung des scheinbar recht ereignislosen Werkes ist die eindringliche Wahrnehmung der Realität durch die einzelnen Personen. Den Schreibprozess begleitet Virginia in ihrem Tagebuch. Am 20. Juli 1925 notiert sie: »[...] Vater & Mutter & Kind im Garten: der Tod; die Segelfahrt zum Leuchtturm. Ich glaube aber, dass ich es, sobald ich anfange, auf alle möglichen Weisen anreichern werde; es eindicken; ihm Geäst & Wurzelwerk geben, die ich jetzt noch nicht wahrnehme. Es könnte alle Charaktere in kondensierter Form enthalten; & die Kindheit; & dann dieses Unpersönliche, zu dem mich meine Freunde immer anstacheln, das Verfliegen der Zeit [...].« Wie immer, wenn ein Buch fertig ist, erwartet Virginia zaghaft die Urteile, fast könnte man sagen ihr Urteil, und am wichtigsten ist ihr das des ersten Lesers. Am 23. Januar 1927 vermerkt sie geradezu erleichtert: »Also, Leonard hat TO THE LIGHTHOUSE gelesen, & sagt, es sei bei weitem mein bestes Buch, & es sei ein ›Meisterwerk‹. Er sagte das, ohne dass ich ihn gefragt hätte. [...] Er nennt es etwas ganz Neues, ›ein psychologisches Gedicht‹, ist sein Name dafür.« Vanessa erkennt die Eltern in dem Roman wieder und findet »die Auferweckung der Toten fast schmerzhaft« (16. Mai 1927). Das Buch verkauft sich außerordentlich gut und erhält sogar den Prix Femina – Virginia ist trotz aller Selbstzweifel, die aber zumeist von ihrem Selbstbewusstsein besiegt werden, in der literarischen Welt angekommen.

In der politischen Welt wird sie mit einem anderen Werk bekannt, dessen Bedeutung für die Frauenbewegung kaum überschätzt werden kann und das ähnlichen Einfluss auf die feministische Theorie hatte wie Simone de Beauvoirs DAS ANDERE GESCHLECHT: 1929 veröffentlicht Virginia Woolf den Essay EIN EIGENES ZIMMER, in dem sie nicht nur die Rolle der Frau in den vergangenen Jahrhunderten beschreibt, sondern vor allem die Probleme, mit denen weibliche Autoren zu kämpfen hatten. Damit eine Frau sich als Schriftstellerin durchsetzen könne, brauche sie mindestens zweierlei: ein eigenes Zimmer und £ 500 im Jahr, also eine Privatsphäre und finanzielle Unabhängigkeit. Bezeichnend ist für Virginia Woolf die Erfahrung, die sie bei einem Besuch in Oxbridge machte; ihr wurde der Zugang zur Bibliothek verweigert, den Rasen durfte sie nicht betreten, die Möglichkeiten einer universitären Bildung sind für Frauen noch kaum erschlossen. Und wenn sie denn überhaupt studieren, ist ihre Existenz ärmlich: Während die Männer sich einem opulenten Mahl widmen können, müssen die Studentinnen mit kärglicher Kost vorlieb nehmen. Beim Besuch des eindrucksvollen Lesesaals des British Museum stellt sie fest, dass den Frauen zwar zahllose Bücher gewidmet wurden, sie das »am häufigsten abgehandelte Tier des Universums« sind, doch als Autorinnen nicht angemessen in Erscheinung treten. Möglicherweise aus Gründen der Polemik vernachlässigt sie den Verweis auf die vielen Schriftstellerinnen des 18. und 19. Jahrhunderts, doch gerade diese Überspitzung macht die besondere und nachhaltige Wirkung ihrer Schrift aus. Das Buch wird ein grandioser Erfolg – auch in kommerzieller Hinsicht. Und dieser Triumph gehört natürlich ebenfalls zum Glück des Schreibens.

Dennoch bleibt dieses Glück immer überschattet von gesundheitlicher, von psychischer Gefährdung. Als der Krieg ausbricht, beginnen die Bombenangriffe auf London, eine deutsche Invasion wird erwartet, und Leonard als linker jüdischer Intellektueller muss Verfolgung und Tod befürchten. Die Woolfs werden ausgebombt und ziehen ganz nach Rodmell. Einschränkungen des täglichen Lebens, kaum noch Besuch von Freunden, die Angst, nicht mehr schreiben zu können – Virginia verfällt wieder in Depressionen. Am 28. März 1941 verlässt sie das Haus und ertränkt sich in der nahe vorbeifließenden Ouse; ihre Leiche wird erst drei Wochen später gefunden. Die Urne bestattet man im Garten von Monk's House unter einer Ulme. In vielen Zeitungen erscheinen Nachrufe, auch in Deutschland. Die Frankfurter Zeitung schreibt am 8. April 1941: »Unter den Schriftstellern des modernen Englands hat Virginia Woolf [...] eine bedeutende, um nicht zu sagen überragende Stellung eingenommen [...] Diese Frau, stolz und scheu, ohne Furcht und erstaunlich unprätentiös, die ihr Handwerk mit großem Können und stiller Leidenschaft betrieb, war lange Mittelpunkt einer Bewegung, von der so etwas wie eine Schule ausgegangen ist. Sie hat die alltäglichen Geheimnisse der Frau entdecken helfen, sie hat immer wieder die Dinge offenbart, die Männer nicht sehen und verstehen.«

# Vita Sackville-West und Nancy Mitford

E in riesiges Herrenhaus zur Zeit von Königin Elisabeth I. im Süden Englands, mit 365 Zimmern, für jeden Tag des Jahres eines –
so sagt man jedenfalls. Und in einem dieser Zimmer sitzt Orlando, ein
junger Mann, versunken in die Trauer um eine verlorene Liebe und
in das intensive Bemühen, ein Poet zu werden. Er schreibt Dramen,
Romane, und vor allem arbeitet er an seinem großen Gedicht DER
EICH-BAUM, einem Jahrhundertwerk, das ihn durch Zeiten und
Räume begleiten wird. Er lebt fast vierhundert Jahre und gelangt bis
ins 20. Jahrhundert, er hat mancherlei Abenteuer zu bestehen, und
das Ungewöhnlichste ist seine Verwandlung in eine Frau. Und nun
heißt er – vielleicht – Vita Sackville-West. Mit diesem Hintergedanken
zumindest hat Virginia Woolf die fiktive Biografie des androgynen
Adligen Orlando geschrieben und dabei die reale Biografie ihrer
Freundin Vita im Kopf gehabt: »… das Bild soll der Wahrheit entsprechen, aber phantastisch sein«, notiert sie in ihrem Tagebuch. Orlando
ist Vita – und ist sie natürlich auch nicht, aber sie wird durch dieses
Buch fast zu einer Kultfigur nicht nur der Frauenbewegung. Ihr Sohn
Nigel nannte diesen Roman einmal den längsten Liebesbrief der
Weltliteratur, denn Vita und Virginia waren einander längere Zeit in
Liebe und noch länger in Freundschaft verbunden. Und deshalb ist
dieses Lebensbild eine literarische Liebkosung und trotz mancher
ironischer Spitzen von zärtlicher Anschaulichkeit.

Vita Sackville-West, väterlicherseits altem englischen Adel entstammend, mütterlicherseits von unbürgerlicher spanischer Her-

kunft, wird 1892 in Kent auf Schloss Knole geboren, das Königin Elisabeth I. ihrem Schatzkanzler Thomas Sackville, Earl of Dorset, zum Geschenk machte. Ihr Vater vermisst in ihr den Erben, den er gerne gehabt hätte, der sie aber nicht sein kann, da nur in männlicher Linie Besitz weitergegeben wird. Sie wächst in dem großen Anwesen auf und nimmt es für sich völlig in Besitz; Knole wird die größte Liebe ihres Lebens, und deshalb ist der spätere Verlust von Knole der größte Schmerz ihres Lebens.

Aber auch ihre Kindheit und Jugend waren nicht ohne Kummer, litt sie doch besonders unter der teils fehlenden, teils sie dominierenden Zuwendung ihrer Mutter. Von dieser fühlte sich Vita als junges Mädchen abgelehnt, denn sie erschien der schönen, von vielen Männern verehrten Lady Sackville als zu unattraktiv, zu groß, zu wenig weiblich – und derartige Eigenschaften waren für die egozentrische und extravagante Frau, die ihr romanisches Temperament ohne jede Rücksicht auslebte, nur schwer erträglich. Ihrem Vater, dem englischen Adligen, der sich zu kontrollieren wusste, stand Vita zwar näher, doch sie war sich immer der Problematik bewusst, die durch die Verbindung der elterlichen Anlagen ihren eigenen Charakter prägte. Einerseits fast schüchterne, liebevolle Zurückhaltung, andererseits fast aggressive, grausame Dominanz – vor allem ihre zahlreichen Geliebten lernten beide Seiten Vitas schmerzlich kennen.

Als Kind bleibt sie häufig allein mit ihrem Großvater in dem gewaltigen Besitztum, einsam, ohne richtige Freunde und wie zum Trost von einer Krankheit befallen wie Orlando: der Liebe zur Literatur. Vita Sackville-West schreibt von frühester Jugend an – Romane, Dramen, Gedichte, dicke Wälzer über historische Figuren wie Richelieu, Molière oder Chatterton. Sie bekennt in ihrer Autobiografie, dass sie mit zwölf zu schreiben begann und danach nie mehr aufhörte. Selbstkritisch merkt sie an, dass es prätentiöses, völlig uninteressantes Zeug war, das sie schnell hinschrieb. Sobald etwas fertig war, wurde am nächsten Tag etwas Neues begonnen. Und als sie ihren ersten Roman veröffentlicht, hat sie schon viele Hefte gefüllt, viele Texte gewissermaßen als Fingerübungen verfasst. Das Schreiben wurde für sie zu einem existenziellen Bedürfnis, zu einem Fluchtangebot aus kreativer Einsamkeit in kreatives Glück.

Grablege der Sackvilles in der Kirche von Withyham (East Sussex)

Doch nicht nur das Schreiben verhilft zu Augenblicken des Glücks. Liebevolle Nähe findet sie bei ihrer Freundin Rosamund, mit der sie eine intensive Beziehung verbindet, und auch Violet Keppel, Tochter der Mätresse König Edwards VII., ist häufig in Knole zu Besuch. Von dieser wird Vita schwärmerisch verehrt, ohne dass sie schon auf die Avancen der Jüngeren eingeht. Es sind emotional verwirrende Beziehungen, deren innersten Grund Vita nicht zu deuten weiß, wie sie später ihrem Mann erklärt, da die Dinge des Lebens ihr noch fremd sind. Intensiv lebt sie die erotisch getönten Freundschaften, doch sie kommt ins heiratsfähige Alter und ist zunehmend gezwungen, sich zahlreicher Anträge jüngerer und älterer Männer zu erwehren. Sie ist sich nicht klar darüber, ob sie überhaupt heiraten will, aber gesellschaftliche Konventionen verlangen eine Ehe. Und als sie bei einer Einladung den jungen Diplomaten Harald Nicolson trifft, beginnt sich aus Sympathie und gemeinsamen Interessen eine vertraute Beziehung zu entwickeln, die zur Liebe wird; 1913 heiraten beide, Rosamund ist Brautjungfer.

Harald Nicolson verfolgt weiter seine Karriere, und das junge Paar lebt für eine Weile in Konstantinopel, später in London und auf dem Lande in der Nähe von Knole. Zwei Söhne werden geboren, ein drittes Kind kommt tot zur Welt. Vita merkt allerdings sehr bald, dass sie ihr Leben nicht ständig den Interessen ihres Mannes unterordnen kann. Sie will schreiben und ihren eigenen Wünschen leben, woraus sich zwangsläufig Konflikte mit Harold ergeben, dessen berufliche Ziele einen häufigen Ortswechsel verlangen, auf dem Vita ihn nur besuchsweise begleiten will. Auch seine späteren Bemühungen, politisch aktiv zu werden, finden bei Vita eher gleichgültiges Interesse. Manchmal tut einem Harold geradezu leid, wenn er von Vita Unterstützung bei Wahlkämpfen oder anderen Verpflichtungen erbittet und sie kaum hilft. Schon ziemlich früh nimmt die Ehe schweren Schaden, als Harold seiner Frau eine venerische Erkrankung gestehen muss, die er sich bei einem Seitensprung während einer Einladung – gewissermaßen im Nebenzimmer – geholt hat. Auch wenn die Ehe für Außenstehende unverändert weiterzugehen scheint, hat sich für Vita die Situation völlig gewandelt. Violet kommt zu Besuch und erfährt alles; nur zu gern ist sie bereit, zu trösten und zu helfen. Eine stürmische, sinnliche und geradezu abenteuerliche Liebesgeschichte beginnt, der kein wirkliches Happy End beschieden sein wird. Die beiden Frauen sehen sich fast täglich, verreisen nach Cornwall, nach Paris und nach Südfrankreich, gehen tanzen – Vita in Männerkleidern –, fürchten den Skandal, tun aber kaum etwas, ihn zu vermeiden. Immer wieder Rückkehr zur Familie und erneute Flucht – bis beide Ehemänner ein Flugzeug chartern und ihre Frauen heimholen. Vita wird ein Buch über diese leidenschaftliche Affäre schreiben, das erst nach ihrem Tod von dem Sohn gefunden und veröffentlicht wird unter dem Titel PORTRÄT EINER EHE.

Diese Ehe, in der die Partner mehr getrennt waren, als dass sie zusammenlebten, in der beide zahlreiche Geliebte des eigenen Geschlechtes hatten und sich dennoch nicht untreu fühlten, wird von Vita wie Harold trotz aller Konflikte als außerordentlich glücklich beschrieben. Die Probleme allerdings haben in klassischer Weise ihre

Ursache in den traditionellen Rollenzuweisungen, wieder hat der »Engel im Haus« seine Hand im Spiel. Harold erwartet, dass Vita ihn bei seiner beruflichen Karriere unterstützt, denn das ist seiner Ansicht nach die Hauptaufgabe einer Ehefrau; Vita erwartet, dass Harold ihr ein eigenes Leben lässt, das ganz dem Schreiben gewidmet ist. Er leidet unter fehlender Unterstützung, sie unter zu großen Ansprüchen. Auch ist sie sich immer ihrer Herkunft aus dem Hochadel bewusst, was ihrem Mann zuweilen Kummer und ihrer Mitwelt Schwierigkeiten im Umgang bereitet. Leonard Woolf beschreibt sie in seinen Memoiren als sehr aristokratisch, vornehm, fast arrogant, und wenn man von ihr – einer sehr guten, aber exzentrischen Fahrerin – durch London chauffiert wird und hört, wie sie einen Taxifahrer abkanzelt, erkennt man sofort den Ton, in dem die Sackvilles schon vor 600 Jahren ihre Diener zurechtgewiesen haben dürften. Doch es genügt ein Besuch in Knole, um ein Verständnis dafür zu bekommen, wie das Bewusstsein einer Frau zwangsläufig beschaffen sein muss, die in einem derart riesigen, repräsentativen Schloss aufgewachsen ist. Bei Virginia Woolf, die Vita zum ersten Mal 1922 traf, wandelt sich ihre anfängliche skeptische Distanz zu Bewunderung, Liebe und snobistischem Behagen darüber, mit einer Lady des Hochadels eine enge Beziehung zu haben. In ihrem Tagebuch notiert sie 1924 nach einem Besuch Vitas: »... mir gefällt, dass sie hochwohlgeboren ist; & sie ist es wirklich, eine vollkommene Dame, mit dem ganzen Schwung und der Beherztheit der Adeligen [...] sie ist von einer männlichen Vernunft & Schlichtheit, die sowohl L. als auch mir gefallen. Oh ja, ich mag sie; könnte sie für immer an meine Equipage heften.« Im Dezember 1925, kurz vor der Abreise Vitas zu Harold nach Persien, beginnt ihre Liebesgeschichte.

Vita ist recht eigentlich keine Feministin, überhaupt politisch kaum interessiert, und dennoch stellt ihr Roman ERLOSCHENES FEUER (1931) sehr deutlich die Problematik einer Frau dar, die ihre künstlerische Begabung nicht auslebt, sondern der politischen Karriere ihres Mannes Vorrang einräumt. Lady Slane ist die Frau des indischen Vizekönigs, und zum Befremden ihrer Kinder zieht sich die Achtundachtzigjährige nach dem Tod ihres Mannes in ein neues Leben zurück, in dem die Familie keinen Platz mehr hat. Als junges

Mädchen hat sie sich gewünscht, Malerin werden zu können, »sich einen anderen Namen beizulegen, sich als Mann zu verkleiden und frei in einer fremden Stadt zu leben«, doch statt der Freiheit kam die Ehe. Und in dieser hat ihr Mann an die Stelle ihres eigenen Lebens »sein Leben mit seinen Interessen gesetzt oder das Leben ihrer Kinder mit den in ihnen steckenden Möglichkeiten«. Er nahm an, dass sie sich in eines von beiden, wenn nicht in beide, mit Freuden versenkte. »Es war ihm niemals eingefallen, dass sie lieber einfach sie selbst gewesen wäre.«

Vita aber konnte sie selbst sein, was zuweilen zwar zu – vorwiegend brieflichen – Auseinandersetzungen mit ihrem Mann führte, in denen sie sehr eindringlich und unnachgiebig ihren Standpunkt vertrat, doch immer in der Gewissheit, ihre literarischen Pläne verwirklichen und schreiben zu können. Denn ohne Schreiben kann sie nicht sein – genauso wenig wie später ohne ihre Gartenarbeit. In einem Reisebericht notiert sie: »Schreiben ist notwendig, sollen die Tage nicht leer vergehen. Wie sonst könnten wir dem Schmetterling des Augenblicks das Netz überstreifen? Denn wenn der Augenblick verstreicht, ist er vergessen, die Stimmung verflogen, das Leben selbst dahin.« Das Fixieren jenes Momentes, in dem das Leben für die Dauer eines Flügelschlages angehalten wird, macht das Glück des Schreibens für Vita Sackville-West aus. Und dieses Glück wird auch in ihrem letzten Roman WEG OHNE WEISER (1961) noch in anderer Weise ausdrücklich thematisiert. Der Held des Buches, ein bedeutender Journalist, beschreibt die Arbeit eines Romanciers: »Man lebt in einer kleinen Welt für sich, und alles andere wird belanglos. Eine höchst selbstherrliche Beschäftigung und tief beglückend, solange man dabei ist. Man sieht, wie die Seiten sich stapeln, und man lebt in dem festen Glauben, dass man etwas schafft, das sich lohnt.«

Nahezu alle Bücher Vitas erzielten hohe Auflagen; gemessen an den üblichen Verkaufszahlen der damaligen Zeit konnte sie geradezu als Bestsellerautorin gelten, und ihre Umsätze verhalfen auch der Hogarth Press von Leonard und Virginia Woolf zu beträchtlichen Gewinnen. Während Virginia sich in Hinblick auf literarische Qualität Vita durchaus überlegen fühlte, musste sie doch mehr oder minder

neidvoll anerkennen, dass ihre Freundin beim Publikum teilweise

Sissinghurst: Weißer Garten und Priesthouse

den größeren Erfolg hatte. Doch so groß die Anerkennung auch war, so hoch die Auflagen in England und den Vereinigten Staaten angesetzt wurden – Vita sah ihr wichtigstes literarisches Ziel damit noch nicht erreicht. Ihr Traum war es, eine bedeutende, wenn nicht die bedeutendste Lyrikerin Englands zu werden. Und zumindest ihr Opus magnum THE LAND, eine neuzeitliche Adaption der GEORGICA aus dem Geiste von Kent, gewann einen sehr renommierten Literaturpreis.

Möglicherweise länger als ihre zahlreichen Romane, länger als all ihre Gedichte wird – falls keine Naturkatastrophen über die britische Insel hereinbrechen – ihr größtes Werk Bestand haben, der Garten von Sissinghurst oder, wie es eine Autorin nannte: VITAS OTHER WORLD. Diese Welt entstand, weil die alte in Long Barn aufgegeben werden musste und man einen neuen Besitz suchte – in der Nähe von

Cranbrook fand man ihn, Sissinghurst Castle stand dort zum Verkauf. Trotz des miserablen Zustandes des Anwesens – das Haus eine fast verfallene Schlossruine, das Grundstück ein Schuttabladeplatz – verlieben sich die Nicolsons 1930 in die Anlage und kaufen wider alle ökonomische Vernunft. Vor Jahrhunderten gehörte sie den Sackvilles, und so konnte sich Vita der Vorstellung hingeben, eine Art Kompensation für Knole zu erwerben und Herrin zu sein auf einem Sackville-Schloss.

Nachdem das Gerümpel weggeräumt und die Gebäude renoviert waren (das große Anwesen bestand aus mehreren Häusern und einem prachtvollen Doppelturm), begannen Harold und Vita mit der Gestaltung des Gartens. Bereits in Long Barn hatten sich beide der Hortikultur gewidmet und einen farbenprächtigen Garten angelegt. Nun warteten um Sissinghurst Castle herum viele Quadratmeter darauf, von ländlicher Öde in ein Paradies verwandelt zu werden. Bei diesem Unternehmen fiel Harold die Planung zu, das heißt, der Entwurf der Anlage, zu welchem Zwecke er mit Maßband, Lineal und Rechenpapier eine Skizze des künftigen Gartens anfertigte, den man als eine Art »Wohngarten« bezeichnen kann, denn er ist eine Zusammenstellung von Räumen, die je nach Jahreszeit und Stimmung bezogen werden können. Vita übernahm gewissermaßen das Design, die Farbgestaltung, die Auswahl der Pflanzen und deren Komposition zu einem floralen Kunstwerk. Der weiße Garten mit seinen erstaunlichen Variationen von Weiß, der Rosengarten mit sanftem Duft aus rosa Blüten, die kräftigen Stauden am Gemäuer und die langen Blickachsen, die immer neue Eindrücke eröffnen – auch heute noch kann der Besucher die künstlerische Energie von Vita Sackville-West ahnen. Ihre kreative Kraft fand hier ein neues und stärker visuell orientiertes Betätigungsfeld, das sie aber vom Schreiben nicht abhielt – im Gegenteil. Sissinghurst inspirierte sie zu einem weiteren großen Gedicht THE GARDEN, und nach dem Krieg wurde sie geschätzte Garten-Kolumnistin in verschiedenen Zeitungen. Ihre Artikel vergrößerten ihren Ruhm und lockten im Laufe der Jahre immer mehr Interessierte in die Gartenanlage. Bei ihrem Rundgang trafen sie dann häufig auf Vita, die nur zu gern bereit war, mit den »shillings«, wie sie die Eintritt zahlenden Besucher nannte, über ihre Erfahrungen zu sprechen. Sissinghurst wurde im Laufe der Jahre nicht nur zu einem Wallfahrtsort für Gartenliebhaber – vor dem Eingang zum Arbeitszimmer von Vita Sackville-West sieht man auch häufig Freundinnen dicht beieinander stehen, versunken in nachdenkliche Verehrung.

1962 starb Vita, und ihre Asche wurde beigesetzt in der Sackville-Kapelle in Withyham. Harold starb sechs Jahre später; er und seine beiden Söhne sind auf dem Friedhof von Sissinghurst begraben. Die in ihrem gemeinsamen Leben so häufig getrennten Eheleute nahmen diese Distanz, die auch eine gesellschaftliche war, mit in den Tod.

*

Wenn Vita Sackville-West über den Adel und über das Leben schrieb, nahm sie beides sehr ernst, und humorvolle Passagen unterliefen ihr selten. Wenn Nancy Mitford über den Adel und über das Leben schreibt, nimmt sie beides kaum jemals ernst, und ihre Bücher bestehen fast nur aus humorvollen Schilderungen. Insofern bieten die Werke der ältesten Mitford-Tochter einen ganz anderen Blick auf den englischen Adel.

Wer immer über Menschen schreibt, denen er oder sie nicht begegnet ist – seien diese Personen schon tot oder noch am Leben – stellt sich irgendwann die Frage, ob ein persönliches Kennenlernen wünschenswert gewesen wäre. Bei Nancy Mitford würde man diese Frage wohl bejahen, aber nicht nur der humorvollen Romanautorin wegen, sondern weil die Bekanntschaft mit ihr zugleich die Bekanntschaft mit fünf weiteren äußerst interessanten Frauen bedeutet hätte, deren enge Verbundenheit und starke Solidarität einen Außenstehenden durchaus neidisch machen könnten. Sechs Schwestern wuchsen im Hause Mitford auf, jede von auffallender Schönheit, klarer Intelligenz, eigentümlichem Humor, unterschiedlich ausgeprägter Exzentrik und einer Begabung fürs Schreiben. Aber nicht allein deshalb waren sie zu ihrer Zeit ständig in den Schlagzeilen, hat ihr Ruf bis heute überlebt. Die Töchter von David Freemann-Mitford, später 2$^{nd}$ Baron Redesdale, und seiner Frau gehörten in unterschiedlicher Weise zu den politisch wie kulturell meinungsbildenden Kreisen im

England der Zwischenkriegszeit, und auch nach 1945 waren sie in den Medien ständig präsent – nicht selten wegen ihres unkonventionellen Verhaltens. J. K. Rowling, die Jessica Mitford die Heldin ihrer Jugend nennt, spricht von den »Mitford Sisters«, die so populär waren wie heutzutage eine »Girl Group«. Und über die ungewöhnliche Publizität dieser Gruppe schreibt Diana Mitford 1985 an ihre Schwester Deborah: »Ich muss zugeben, ›die Mitfords‹ würden MICH rasend machen, wenn ich nicht selbst eine wäre.« Zu ihrem Kreis zählten unter anderen Winston Churchill und John F. Kennedy, Oswald Mosley und Adolf Hitler, Evelyn Waugh, Harold Nicolson und Cecil Beaton.

Die Mädchen wuchsen zusammen mit ihrem Bruder in ländlicher Idylle in den Cotswolds auf, also in dem »eigentlichen« England der strohgedeckten Häuser und wunderbaren Cottage-Gärten. Der ererbte Besitz des Vaters lag zwischen Oxford und Stratford, und auf ihm baute er große Häuser, zuerst in Asthall, später in Swinbrook, das von Nancy »Swinebrook« getauft wurde, da alle Kinder dem viel schöneren Asthall nachtrauerten. Wer heute in Swinbrook in dem malerischen Gasthaus »The Swan« essen geht, tut dies unter den Augen der gesamten Mitford-Familie. Wandgroße Fotos machen die Gasträume zu einem Mitford-Schrein, und selbst die Toiletten werden nicht ausgespart. Da die Familie auch standesgemäße gesellschaftliche Verpflichtungen in London hatte, wurde dort ebenfalls, in 26 Rutland Gate, ein Haus gekauft.

Der Vater – später in den Büchern seiner Tochter Nancy als Onkel Matthew wiedergeboren – war humorvoll und fürsorglich, wenn auch wohl von heftigem Jähzorn. Die Mutter – später, zu ihrem Missvergnügen, in der literarischen Gestalt der Tante Sadie abgebildet – scheint den Kindern gegenüber von gelassener Distanziertheit gewesen zu sein; zumindest die älteren Mädchen beklagen, nie wirklich liebevoll angenommen worden zu sein. Das jüngste Kind war Deborah (*1920), spätere Herzogin von Devonshire, das zweitjüngste war Jessica (*1917), die Kommunistin wurde und mit einem Neffen von Churchill erst nach Spanien durchbrannte und dann nach Amerika auswanderte. Sie war eng verbunden mit Unity Valkyrie (*1914), deren

Begeisterung für die Nazis – sie gehörte zum Freundeskreis um Hitler – zu erbitterten Kämpfen zwischen den Schwestern führte. Diana (*1910) heiratete zuerst den Erben der Guiness-Brauerei und nach der Scheidung den britischen Faschistenführer Oswald Mosley. Pamela (*1907) scheint mehr dem Landleben und weniger der Öffentlichkeit zugetan gewesen zu sein; sie blieb der Hühnerzucht treu. Die älteste war Nancy (*1904), und sie hat mit ihren Büchern am stärksten das Bild geprägt, das die Mitwelt von der Familie Mitford besaß.

Wie es damals üblich war, durfte der Sohn nach Eton und Oxford, den Töchtern jedoch wurde ein längerer Schulbesuch verwehrt, und diese bedauerten das sehr, denn die umfangreiche Bibliothek, die ihnen in einem Nebengebäude des Anwesens uneingeschränkt zur Verfügung stand, ersetzte nur unvollkommen eine systematische Bildung und Ausbildung. Womöglich aber hätte die Schule, die intensivere Gemeinschaft mit Gleichaltrigen als sozialem Korrektiv die Mädchen konventioneller erzogen und die Herausbildung einer exzentrischen Extravaganz – sicher zum Bedauern der Mit- und Nachwelt – beeinträchtigt. Intensiv war die Gemeinschaft der Schwestern untereinander: Sie hatten eine eigene Sprache, sie erfanden füreinander Kosenamen, die sie bis ins Alter beibehielten; sie bildeten aber auch »Fraktionen« in der Gemeinsamkeit wie in der Gegnerschaft. Ihre enge Verbundenheit zeigt sich außerdem in den Briefen, die sich alle sechs regelmäßig schrieben und in denen der rasche Wechsel zwischen familiärer Intimität und politischer Pseudorhetorik seltsam wirkt, wenn zum Beispiel Unity einen Brief an Nancy unterschreibt mit: »Heil Hitler! Love, Bobo.«

Häufig fanden sich die Schwestern zusammen, um sich der Neckereien seitens der Ältesten zu erwehren. Nancy, wortgewandt, einfallsreich und sehr ironisch, war ihren Geschwistern so überlegen, dass sie diese zum Weinen bringen konnte; allerdings sollen ihre Hänseleien zwar häufig verletzend, nicht aber böswillig gewesen sein, denn für alle war das Wichtigste eine enge Solidarität. Da die Eltern ihr einen regulären Schulbesuch verwehrten – ihr Beruf würde schließlich »Ehefrau« sein –, war Nancy bestrebt, auf andere Weise der

täglichen Langeweile ländlichen Lebens zu entkommen. Deshalb beschloss sie, Malerin zu werden, denn so durfte sie die Akademie in London besuchen. Doch ihr Aufenthalt währte nicht lange; sie konnte sich nämlich nicht mit dem Umstand abfinden, dass sie bereits nach einer Woche in ihrem Zimmer durch die auf dem Boden verstreute Unterwäsche waten musste – kein Dienstmädchen war da, um wie gewohnt aufzuräumen. Nun darf man Nancy nicht jedes Wort glauben, da sie nicht nur ihre Schwestern, sondern auch andere Mitmenschen mit größtem Vergnügen aufzog. In einer autobiografischen Skizze, die vom amerikanischen WHO IS WHO erbeten worden war, notiert sie: »Mein Vater war der zweite Sohn eines englischen Peers; meine Mutter war eine Schönheit. In England bekommen nachgeborene Söhne kein Geld, und so wurde ich in einem armen Londoner Slum geboren. Da mein Vater unbedingt sieben Bluthunde und ein Pony zum Reiten für mich halten wollte, herrschte ein ziemliches Gedränge.«

Natürlich kann man Lord Redesdale nicht arm nennen, doch die finanzielle Ausstattung der Kinder war gemessen an ihren Ansprüchen nicht üppig. Und da Nancys Einbildungskraft, gestärkt durch Lektüre und erprobt an Geschwistern, schon immer lebendig und der Wunsch zu schreiben schon immer vorhanden war, sah sie im Schreiben von Artikeln (zum Beispiel für VOGUE) und von Büchern die geeignete Möglichkeit, etwas hinzuzuverdienen. Im Laufe ihres Lebens machte sie mit ihren Veröffentlichungen ein Vermögen. Während der dreißiger Jahre publizierte sie mehrere Romane, in denen sie, deutlich erkennbar, Familie und Freunde als fiktives Personal vereinnahmte – nicht immer zur Freude ihrer Verwandten. Vor allem auf das Buch WIGS ON THE GREEN, in dem sie die britischen Faschisten und deren Anhänger verspottete, reagierten ihre Schwestern Diana und Unity *not amused*. Nancy brauchte fürs Schreiben allerdings kein eigenes Zimmer. Ihre Schwester Jessica erinnert sich in ihren Memoiren HONS AND REBELS an die junge Autorin, die im Wohnzimmer vor dem Kamin sitzt und mit fliegendem Stift Texte in Schulhefte niederschreibt, dabei über das Eingetragene selbstversunken kichernd.

Doch vor einer Karriere als Autorin musste die als Ehefrau in Angriff genommen werden – und die gestaltete sich problematisch.

Der Buchladen von Heywood Hill, 10 Curzon Street, London

Nach dem Debüt, das damals noch für junge Frauen der Gesellschaft verpflichtend war, wollten sie sich angemessen auf dem Heiratsmarkt präsentieren, schaute sie sich in ihrem Freundeskreis nach geeigneten Partnern um. Ihre heimliche Verlobung mit dem homosexuellen Hamish St. Clair-Erskine endete, als er nach fünf Jahren, nur für sie überraschend, sein Desinteresse bekundete. Die 1933 geschlossene Ehe mit Peter Rodd, einem Botschaftersohn, dauerte zwar juristisch länger – das Ehepaar wurde erst 1958 geschieden –, doch eigentlich war sie wegen der Untreue des Ehemannes schon viel eher am Ende. Während des Krieges beteiligte sich Nancy an verschiedenen Aktivitäten der Heimatfront, nach einer schweren Operation übernahm sie

93

dann eine Assistenz in dem Buchladen von Heywood Hill in Mayfair, Curzon Street. In den Erinnerungen ihrer Freunde figuriert sie weniger als Angestellte eines Geschäftes, sondern vielmehr als Mitglied in einem Club, in dem sich das kulturelle London regelmäßig trifft. Für sie war es wohl die unterhaltsame Fortsetzung gesellschaftlichen Lebens in anderer Umgebung, und so musste ein verärgerter Kunde schon mal anmerken: »Etwas weniger darling bitte und etwas mehr Aufmerksamkeit!«

Die ständige Begegnung mit Autoren und Büchern verstärkt in Nancy den Wunsch, Bücher nicht nur zu verkaufen, sondern auch zu schreiben und das besser als zuvor. Und da sie in der Zeit auch die Liebe (und den Geliebten) ihres Lebens trifft – Colonel Gaston Palewski ist mit de Gaulle und dem französischen Militär nach London gekommen –, hat sie Anlass, Thema und Motivation, jene Romane zu verfassen, die bis heute erfolgreich sind: Englische Liebschaften (1945) und Liebe unter kaltem Himmel (1949). In beiden Romanen werden Leben und Lieben der englischen Oberschicht gewissermaßen in einem »Sittenbild« ironisch und einfühlsam beschrieben, und nicht nur die engsten Freunde erkennen die Mitford-Familie und zuweilen sich selbst in den Büchern wieder. Die Anteilnahme an den Schicksalen der Mitglieder dieser Familie, von denen fast alle berühmt und einige berüchtigt sind, sichert das Interesse an Nancys Büchern. Die Bücher handeln von einer Adelsfamilie mit sieben Kindern; der Vater ist jähzornig, vorurteilsbehaftet und dennoch liebenswert, die Mutter ist fürsorglich, aber nicht sonderlich liebevoll, und die Kinder – das sind die exzentrischen Mitford-Geschwister, die im Leben und in der Liebe viele Irrungen und Wirrungen durchmachen.

1956 erscheint Nancy Mitfords Buch Noblesse oblige, das sofort ein großer Erfolg wird, obwohl (oder weil) sie über die englische Aristokratie schreibt – und das tut sie in scheinbar wissenschaftlicher Weise. Sie beschäftigt sich mit dem – angeblich – schichtenspezifischen Sprachgebrauch von Angehörigen der Upper Class, und die Unterscheidung von U- und Non-U-Sprechern bleibt untrennbar mit ihrem Namen verbunden, wiewohl sie sich auf die Ausführungen eines Sprachwissenschaftlers bezieht. In einer sehr eigenwilligen Soziolinguistik differenziert sie die Klassen nach deren semantischen Gewohnheiten. Sagt man zum Beispiel in U *bike*, so heißt es in Non-U *cycle*, entsprechend *vegetables* statt *greens*, *rich* statt *wealthy*, *glasses* statt *spectacles*. Diese Sprachuntersuchung hat Nancy den Vorwurf des Snobismus eingetragen, doch damit konnte sie durchaus leben.

Und sie schreibt weiter: Romane, historische Biografien über Friedrich den Großen, Madame Pompadour und über den Sonnenkönig sowie viele Zeitungsartikel. Das Glück des Schreibens, die intensive Erfahrung des schriftstellerischen Erfolges tröstet sie ein wenig über den Mangel an Glück in ihrer Beziehung zum Colonel hinweg, der noch viel untreuer ist, als es ihr Ehemann je war. Sie lebt jetzt in Paris, in jener Stadt, von der sie schon als junges Mädchen träumte, und die Einkünfte aus ihren Büchern sichern ihr ein Leben in komfortablen Wohnungen und in Kleidern von Dior.

Als sie schwer krank wird, kümmern sich ihre Schwestern um sie und begleiten sie während einer qualvollen Leidenszeit. 1973 stirbt sie in Versailles; begraben wird sie auf dem Friedhof von Swinbrook, neben ihrer Schwester Unity. Später wird auch Diana dort ihre letzte Ruhestätte finden, und Pamela liegt ebenfalls dort, wenn auch etwas von den Schwestern entfernt. Der Grabstein hat seltsamerweise die Inschrift: »Nancy Mitford, Authoress, Wife of Peter Rodd.« Allerdings ist der Text kaum noch zu lesen, denn die Steine verwittern sehr schnell und sind von Moos überzogen, doch gerade diese Natürlichkeit, deren Eindruck durch die fehlenden Grabhügel und das wild wuchernde Gras betont wird, macht den besonderen Reiz englischer Friedhöfe aus. Nach der Beerdigung schreibt Deborah im Juli 1973 an Jessica: »Ich weiß, sie hatte Erfolg als Schriftstellerin, aber was ist das verglichen mit Dingen wie einem ordentlichen Ehemann und Liebhabern und Kindern – denke doch an die Einsamkeit all jener Jahre, das ist so traurig.« Ganz plötzlich scheint sich der »Engel im Haus« wieder einzufinden, doch nun hat er keine Macht mehr.

# Radclyffe Hall und Jeanette Winterson

An einem anderen Ort hätte es ein Symposium von Literaten sein können, das sich 1928 an einem Londoner Novembervormittag in der Bow Street nahe Covent Garden zusammenfand. Halb Bloomsbury war vertreten – wie zum Beispiel Leonard und Virginia Woolf, E. M. Forster und Desmond McCarthy –, doch an diesem Tag sollte es nicht um den ästhetischen Wert oder Unwert eines Werkes gehen, sondern um dessen moralisch-sittliche Bedeutung, denn man traf sich im Magistratsgericht, dort, wo mehr als dreißig Jahre zuvor der Prozess gegen Oscar Wilde stattgefunden hatte. Der Verleger Jonathan Cape war vorgeladen, weil der von ihm publizierte Roman QUELL DER EINSAMKEIT im Verdacht der Obszönität stand und ein Verbot erwogen wurde. Auch die Autorin dieses Werkes war natürlich anwesend: Radclyffe Hall, begleitet von ihrer Gefährtin Una Troubridge, hoffte darauf, dass das Gericht die Qualität ihres Werkes würdigen und von einem Verbot absehen würde.

1928 waren bereits andere Werke erschienen, die, wenn auch nicht so explizit, Liebe zwischen Frauen zum Thema hatten, ohne dass sie jedoch von der Justiz beanstandet worden wären, so etwa ORLANDO von Virginia Woolf. Radclyffe Halls Buch war allerdings von besonderer Art; noch nie wurde in einer jedermann zugänglichen, seriösen Publikation so einfühlsam, leidenschaftlich und konsequent das Leben einer Frau erzählt, die Frauen liebt. Und noch nie wurde dieses Faktum als etwas Natürliches dargestellt, das zum Leben gehöre und daher von der Gesellschaft akzeptiert werden müsse.

Magistratsgericht in der Bow Street, London

Radclyffe Hall schildert das Schicksal von Stephen Gordon, einer Tochter aus reichem Hause, geboren Ende des 19. Jahrhunderts, also in einer Zeit, die noch geprägt war von den moralischen Restriktionen der viktorianischen Ära. Stephen fühlt sich nicht nur ihrem Taufnamen nach als Mann und unterstreicht dies durch männliche Kleidung und durch die Leidenschaft für eher maskuline Sportarten. Nach dem Tode ihres verständnisvollen Vaters entdeckt sie in dessen Arbeitszimmer Werke des Psychiaters Richard von Krafft-Ebing und versteht nach der Lektüre seiner PSYCHOPATHIA SEXUALIS das Besondere ihrer Neigungen. Stephen geht nach London und wird erfolgreiche Schriftstellerin. Im Weltkrieg fährt sie Ambulanzen an der Front in Frankreich, wird mit einem hohen Orden ausgezeichnet und verliebt sich in eine Kameradin. Nach dem Krieg lebt sie mit ihrer Geliebten Mary in Paris und findet dort Zugang zur vielgestaltigen lesbischen Szene. Mary fühlt sich bald von Stephen vernachlässigt und wendet sich einem Mann zu. Stephen gerät in Verzweiflung, weil sie sich durch ihr So-Sein von der Welt ausgeschlossen, von der Geliebten verlassen und von den Mitmenschen verachtet fühlt. Und da

dieses Empfinden von vielen Lesbierinnen ihrer Zeit geteilt wurde, ist der letzte Satz des Romans nicht ohne Grund der meistzitierte des Werkes: »O Gott, gib auch uns ein Recht auf Leben!«

Dieses Buch, dessen erotischste Szenen Darstellungen von innigen Umarmungen zweier Frauen sind, die sich leidenschaftlich küssen, und dessen verheißungsvollster Satz lautet: »Diese Nacht sah sie nicht mehr voneinander getrennt«, wird nun von dem Herausgeber des SUNDAY EXPRESS mit einer Pressekampagne überzogen, um ein Verbot zu erreichen. Er fordert die Justiz auf, aktiv zu werden, und diese ist nur allzu bereit, gegen Verleger und Buch vorzugehen. Dabei war lesbische Liebe in England nicht strafbar, und auch der Versuch eines Abgeordneten, 1921 ein entsprechendes Gesetz einzuführen, scheiterte. Doch Homophobie war noch weit verbreitet, und deshalb versucht Radclyffe Hall mit ihrem Roman, dieser Haltung entgegenzutreten und Verständnis zu wecken für Frauen wie Stephen Gordon – und auch für sich selbst, denn sie gehörte zu den profiliertesten Lesbierinnen ihrer Zeit. Zwar hatte sie selbst keine Probleme, selbstbewusst ihre androgyne Identität auszuleben, doch sie wollte für die Akzeptanz derjenigen in der Gesellschaft eintreten, die wie sie empfanden.

Zahlreiche Fürsprecher – von Bernard Shaw über die Woolfs bis zu Vita Sackville-West – treten zur Verteidigung der künstlerischen Autonomie auf, doch sie tun der Autorin nicht den Gefallen, vor allem die genialische Qualität des Buches hervorzuheben. Trotz dieser prominenten Unterstützung geht der Prozess verloren, und Radclyffe Hall ist bestürzt und erbittert. Um wie viel größer noch wäre ihr Zorn gewesen, hätte sie lesen können, was jene, die sich öffentlich für sie einsetzte, in ihr Tagebuch schrieb. Virginia Woolf am 31. August 1928: »Morgan [Forster] war übers Wochenende hier; scheu, empfindlich, unendlich charmant. An einem Abend betranken wir uns, & redeten über Sodomie, & Sapphismus, mit Gefühl [...]. Das wurde durch Radclyffe Hall & ihr verdienstvolles langweiliges Buch ausgelöst. Sie [...] stellten Petitionen auf; dann traf Morgan sie & sie kreischte wie eine Heringsmöwe, wild vor Selbstsucht & Eitelkeit. Wenn sie nicht ausdrücklich sagen, dass ihr Buch gut sei, wird sie ihnen nicht erlauben, sich über die Gesetze zu beklagen.« Und ihren homosexuellen Freund Forster zitiert Woolf ausgerechnet mit der Aussage, »er fände Sapphismus widerlich, teils aus Konvention, teils weil es ihm missfiel, dass Frauen unabhängig von Männern sein sollten«. Geschlechter-übergreifende Solidarität unter Homosexuellen gab es – wenn über-haupt – erst viel später.

Radclyffe Hall muss ihren juristischen Kreuzzug zwar verloren ge-ben, ihr literarischer beginnt aber erst, denn QUELL DER EINSAMKEIT wird zu einem Bestseller, zu dem Kultbuch der lesbischen Frauenbe-wegung. Auch wenn das Werk in Großbritannien verboten bleibt und erst nach Halls Tod auf intensives Betreiben ihrer Gefährtin Una er-scheinen darf, so ist es doch auf dem Kontinent und in den USA er-hältlich, und die Auflagen erreichen Bestsellerquoten. Das Buch wird in zahlreiche Sprachen übersetzt, und die Verkaufsziffern sorgen da-für, dass die finanziellen Verluste aus dem Prozess kompensiert wer-den. Für viele Jahre bleibt es das einzige Werk, an dem sich junge Lesbierinnen orientieren können und das es ihnen ermöglicht, sich in ihrer Lebens- und Liebesform wiederzufinden. In dem Buch wird ein Thema öffentlich gemacht, über das man sonst kaum zu sprechen wagt, und damit ist der Versuch verbunden, lesbische Liebe für bür-gerliche Konventionen akzeptabel zu machen. Dies vor allem ist das große Verdienst von Radclyffe Hall. Allerdings hat man ihr vorgewor-fen, Lesbierinnen zu sehr als Leidende und ihr Schicksal zu sehr als tragisches zu zeichnen, wodurch wiederum die Selbstverständlichkeit dieser Lebensweise – ungewollt – in Frage gestellt werde. Nebenbei: Heute erscheint QUELL DER EINSAMKEIT auf den Leselisten für jene Schülerinnen und Schüler, die in England das GCE (vergleichbar dem deutschen Abitur) ablegen wollen – ein später und nur ironisch zu würdigender Triumph.

Marguerite Antonia Radclyffe-Hall (sie reduzierte den Namen spä-ter zu Radclyffe Hall) wurde 1880 in Bournemouth geboren, als zwei-tes Kind eines reichen Privatiers und einer amerikanischen Witwe holländischer Herkunft. Ihr Vater verließ die Familie sehr früh, als Marguerite noch ein kleines Kind war, und dieser Verlust hatte eine lebenslange Traurigkeit zur Folge. Von ihrer Mutter, die bald wieder heiratet, fühlt sie sich zurückgewiesen und vernachlässigt; auch diese kindliche Erfahrung wirkt lange nach und findet Eingang vor allem in ihr Hauptwerk. Das Vermögen des Vaters, dessen Alleinerbin Rad-

Wohnhaus von Radclyffe Hall am Church Square in Rye

clyffe Hall wird, ermöglicht ihr ein unabhängiges, luxuriöses Leben. Endlich kann sie bei ihrer Mutter und dem Stiefvater ausziehen; die herzlose Behandlung seitens der Mutter wird sie durch Verweigerung größerer finanzieller Unterstützung vergelten. Sie reist viel und zumeist wird in den teuersten Restaurants gespeist und in den besten Hotels abgestiegen. Personal ist selbstverständlich und wird nicht immer freundlich behandelt. Allein und frei lebend ändert sie ihr modisches Outfit: Sie lässt ihre Kleidung im Stile eines Gentleman maßschneidern, ihre Frisur – sehr kurze, nach hinten gekämmte Haare – betont das markant geschnittene, meistens ernst blickende Gesicht. Es gibt leider kaum Fotos, auf denen Radclyffe Hall lacht, obwohl sie dann durchaus attraktiver wirkt; doch auch der Ernst schmälerte nicht ihre Anziehungskraft auf Frauen.

Radclyffe Hall war ein *womanizer*, und der Wunsch zu verführen und zu erobern war – wohl nicht nur in ihren jungen Jahren – habituell. Sie hatte viele Geliebte, darunter auch Frauen aus der Verwandt-schaft, die sie umsorgte und verwöhnte. Als sie 1906 mit einer Freun-din nach Bad Homburg reist, um ein Damen-Tennisturnier zu besu-chen, lernt sie Mabel Veronica Batten kennen, fast doppelt so alt wie sie, sehr weiblich, sehr mütterlich, sehr attraktiv – und verheiratet. Als der Mann stirbt, ziehen beide zusammen; Mabel tauft Marguerite »John«, und diesen Namen wird Radclyffe Hall bis zu ihrem Tode beibehalten. Mabel erzieht die junge Frau, übernimmt eine Art Mut-terrolle, gibt ihr gewissermaßen Nachhilfe in Kultur und Literatur und ist auch die erste, kritische Leserin der Gedichte, die John begon-nen hat zu schreiben. Nach vielen Abenteuern hat John nun für einige Jahre Ruhe gefunden und erfährt jene Fürsorge, die sie bei ihrer Mut-ter nicht erleben durfte. Und zu dieser Fürsorge gehört auch, dass Mabel John dazu bewegt, zum katholischen Glauben überzutreten. 1912 wird sie von der Kirche aufgenommen; ihr Schutzheiliger ist St. Antonius, und sie besucht mit ihrer Freundin regelmäßig die Messe in Westminster Cathedral.

1915 trifft John Una Troubridge und verliebt sich neu. Una ist eine Verwandte Mabels, Bildhauerin, verheiratet mit einem Admiral und sieben Jahre jünger als John. Schlechtes Gewissen und das Gefühl, eigentlich verheiratet zu sein und sich als Katholikin nicht trennen zu dürfen, bewirken, dass John bei Mabel bleibt, in deren Tagebücher aber das Wissen um die Untreue vermerkt wird. Etwa zwanzig Jahre später wird Una eine ähnliche Erfahrung machen müssen, als John sie zu einer *ménage à trois* mit der neuesten Geliebten zwingt. Mabel stirbt 1916, und John kauft für sie auf dem Highgate Cemetary ein großes Mausoleum im Circle of Lebanon, in dem auch sie mit Una später beigesetzt werden möchte.

Bald darauf zieht sie mit ihrer Geliebten zusammen, und neben einem Haus in London erwirbt sie auch eines in Rye (East Sussex). Es liegt direkt gegenüber der Kirche auf dem Church Square, und die katholische St. Anthony of Padua Church, zu deren Gemeinde die beiden Frauen gehören, ist auch nur wenige Schritte entfernt. In die-ser kleinen Stadt in Meeresnähe mit den kopfsteingepflasterten Stra-ßen und alten Häusern kommt Radclyffe Hall erneut etwas zur Ruhe, findet Freunde im Ort und in der Grafschaft, hält engen Kontakt zur katholischen Kirche und hat Zeit zu intensiver Arbeit. Rye ist ein Ort der Literatur (und einer lebhaften homosexuellen Szene), der im Laufe der Zeit viele Autoren beherbergt hat; zum Beispiel lebt Henry James lange dort. Una kümmert sich um Haus, Haushalt und Personal, John ist zuständig für Kündigungen, und die gibt es häufig. Johns Texte werden gemeinsam besprochen und korrigiert, wobei Una nicht zuletzt auf die Orthografie zu achten hat, denn ihre Partnerin leidet unter Legasthenie. Una ist nicht nur der »gute Geist«, sondern auch und vor allem der »Engel im Haus«.

John hat im Schreiben ihre Berufung gefunden; sie arbeitet hart, oft viele Stunden ohne Unterbrechung und ohne Rücksicht auf ihre Gesundheit. Aber sie empfindet große Befriedigung dabei und ist glücklich. Sie schreibt jetzt Romane und hat sich, tough und willensstark, vorgenommen, den Invertierten, wie sie nach Krafft-Ebing Homosexuelle nennt, Akzeptanz, wenn nicht gar Respekt in der Gesellschaft zu verschaffen. Sie weiß aber auch, dass ein solches Ziel nur von einer anerkannten Autorin erreicht werden kann, und so beginnt sie mit ihrem großen Werk QUELL DER EINSAMKEIT erst, als zwei ihrer Romane nicht nur von der Kritik sehr positiv aufgenommen worden sind, sondern auch Literaturpreise erhalten haben. Als ihr Opus magnum erscheint, ist die Reaktion der Öffentlichkeit im Wesentlichen verständnisvoll und zustimmend – umso überraschender und verletzender ist deshalb das Gerichtsverfahren für Radclyffe Hall. Trost mag sie daraus bezogen haben, dass ein vergleichbarer Prozess in den USA zu ihren Gunsten ausging. Aber ihr nächster Roman wird zu ihrem Leidwesen kein allzu großer Erfolg mehr.

John und Una reisen noch mehr als zuvor, teilweise auch, um den kränkenden Erinnerungen zu entfliehen. In Paris werden sie freudig von Nathalie Barney und ihrem Kreis begrüßt, Romaine Brooks malt Una, und bei den Empfängen in der Rue Jacob kann man stets auf das englische Paar zählen. In Südfrankreich besuchen sie Colette, in Italien treffen sie sich mit Gabriele d'Annunzio und beginnen für die Faschisten zu schwärmen. Während eines Aufenthaltes an der Riviera 1934 wird Una krank, und John bestellt eine Schwester vom amerikanischen Hospital in Paris. Es kommt Evguenia Souline, eine junge staatenlose Russin, charmant, tüchtig, aus gutem Hause, eine reizende

Gefährtin für das Paar und ein attraktives Objekt der Begierde für John. Von nun an ist man zu dritt in der Ehe, und es wird sehr eng. Bis zu ihrem Tode schreibt Radclyffe Hall ihrer jungen Geliebten zahllose Briefe (572 sind erhalten), lange, leidenschaftliche, sehr erotische und teilweise autoritäre Botschaften. John ist voller Fürsorge (»Hat sie auch eine Ersatzbrille dabei?«), gibt Anweisungen (»Du wirst mir mitteilen, was Du gerade tust!«), schickt große Geldsummen (»Einen Teil sollst Du für Briefmarken für mich ausgeben«), klärt sie auf (»Weißt Du nicht, dass enorm viele Leute bisexuell sind?«) und schreibt von ihrer Liebe, ihrem Begehren, von der Hoffnung, auch geliebt zu werden, und von den ersten gemeinsamen Erlebnissen (»Ich traf Dich als Jungfrau und habe eine Liebende aus Dir gemacht«).

Una ist unglücklich, hofft auf ein schnelles Ende der Beziehung und auf ein gutes Ende für sich. Der Krieg bricht aus, Evguenia lebt inzwischen in England, beginnt sich aber zurückzuziehen. Radclyffe Hall leidet, sie wird zunehmend schwächer und kränker. Dann diagnostiziert man Krebs – unheilbar. Im Oktober 1943 stirbt sie und wird in Highgate neben ihrer ersten großen Liebe Mabel beigesetzt. Im Laufe der Jahre verwildert dieser Teil des Friedhofes, Pflanzen überwuchern die Steine, das Grün ist zuweilen fast undurchdringlich, die Grabmäler zerfallen, die gesamte Anlage wirkt unheimlich und mysteriös. Der Westteil von Highgate hat zahlreiche Besucher, viele kommen, um Blumen vor dem Eingang des kleinen Mausoleums niederzulegen und die Inschrift zu lesen: »And, if God choose, I shall but love thee better after death. Una.«

*

57 Jahre später erscheint wieder ein Roman, der die lesbische Liebe der Heldin thematisiert, und wieder ergeben sich größere Probleme, doch dieses Mal nur »romanintern« für die zentrale Figur und nicht für die Autorin. Im Gegenteil: 1985 erhält Jeanette Winterson den Whitbread-Preis für ihr erstes Werk ORANGEN SIND NICHT DIE EINZIGE FRUCHT. Und dieses Buch wurde gleich ein großer Erfolg auch beim Publikum, denn es hat eine anrührend-provozierende Ge-

schichte, sehr dezente Sexszenen und einen trocken-humorvollen Erzählgestus.

Jeanette Winterson ist eine Meisterin des ersten Satzes, wenn nicht gar der ersten Sätze, und sie lässt ihren Roman folgendermaßen beginnen: »Wie die meisten Menschen lebte ich lange bei meiner Mutter und meinem Vater. Mein Vater liebte es, sich Ringkämpfe anzusehen, meine Mutter liebte es, sie auszutragen, egal gegen wen; [...] Sie hatte noch nie etwas von gemischten Gefühlen gehört. Es gab Freunde und es gab Feinde. [...] und ich, zu Anfang, ich war dazugeholt worden, um ihr in ihrem Kampf gegen den REST DER WELT zur Seite zu stehen. Sie hatte eine mysteriöse Einstellung zur Zeugung von Kindern, was nicht etwa daran lag, dass sie es nicht tun konnte, sondern vielmehr daran, dass sie es nicht tun wollte. Sie war sehr verbittert darüber, dass die Jungfrau Maria ihr zuvorgekommen war. Also tat sie das Nächstbeste und besorgte sich ein Findelkind. Mich.« Dieses Findelkind, es heißt Jeanette, soll von ihren Eltern, Mitgliedern einer Pfingstkirche, zur Missionarin ausgebildet werden. Der Vater ist Fabrikarbeiter, die Mutter Hausfrau und ein bibelfestes, glaubensstarkes und engstirniges Gemeindemitglied. Anfangs wird Jeanette daheim unterrichtet, und sie lernt schon früh, inspiriert und feurig zu predigen. Es gibt nur wenige Bücher im Hause, und das wichtigste, die Bibel, ist die Grundlage für alles Wissen um die Dinge der Welt, da im Buch der Bücher jedes Wort wahr ist – meint jedenfalls die Mutter. Als Jeanette in die Schule kommt, bleibt sie eine Außenseiterin, allerdings eine, die sich zu behaupten weiß. Sie verliebt sich in ein Mädchen, und da sie diese Liebe nicht geheim hält, wird sie in einer demütigenden Prozedur vor der gesamten Gemeinde zur Rede gestellt. Zu ihrem Glück verliebt sie sich erneut, zu ihrem Unglück muss sie nun Familie und Gemeinde verlassen. Doch ob das wirklich ein Unglück ist, sei dahingestellt, denn sie hat zu denken gelernt, zu reden und zu schreiben, sie kann sich endlich von den Eltern und der Gemeinde distanzieren, und sie weiß jetzt, dass sie zumindest ihr weltliches Heil ohne diese Menschen suchen muss. Die Mutter hat sie ständig mit Orangen traktiert, doch sie hat jetzt süßere Früchte kennengelernt.

Reihenhäuser in einer kleinen Stadt im Norden Englands

Und so schmerzlich die Geschichte des »Findelkindes« Jeanette im Grunde auch ist – die humorvoll-sarkastische Distanziertheit, mit der die Autorin jenes Schicksal beschreibt, lässt Verletzungen und Behauptungswillen gleichermaßen erahnen. Teilweise ist das Buch Wintersons eigene fiktionalisierte Biografie – wie es bei Erstlingswerken nicht selten der Fall ist –, ohne dass sie jedoch ihre Erfahrungen komplett in das Buch übernommen hätte. Es wäre zum Beispiel eine unzulässige Vereinfachung, wollte man die Bedeutung des Werkes auf die Auseinandersetzung mit dem Thema »lesbische Liebe« reduzieren. Die Autorin selbst ist nach eigenem Bekunden empört darüber, dass sie in Interviews ständig nach ihrem Sexualleben gefragt werde. Niemand täte das zum Beispiel bei Iris Murdoch (was nicht völlig zu Unrecht impliziert, dass es dort sinnvoller und vielleicht sogar interessanter gewesen wäre!), bei ihr aber sei eine solche Frage Standard, obwohl doch nichts wichtiger sei als die Qualität des Schreibens. Sie sei eine Schriftstellerin, die zufällig Frauen liebt, keine Lesbierin, die zufällig schreibt. Doch ist jenes Liebes-Motiv zumindest implizit in ihrem Werk fast immer enthalten, und die dichterische Gestaltung von Unbestimmheit und Vielgestaltigkeit erotischen Empfindens, die Variabilität sexueller Präferenzen durchzieht wie eine Art »roter Faden« ihre Bücher, und diese sind nicht selten in den Buchhandlungen in der Abteilung »lesbian and gay literature« zu finden.

Jeanette Winterson wurde im August 1959 geboren, sehr bald von einem kinderlosen Ehepaar adoptiert und wuchs in Accrington, einem kleinen Ort in Lancashire, auf. Viele kleine Straßen, gesäumt von vielen kleinen Reihenhäusern, geben der Industriestadt das typische Aussehen. Die Eltern gehören einer Pfingstkirche an, die ein charismatisches Christentum lebt, und Jeanette übt – wie die gleichnamige Figur in ihrem ersten Roman – schon als Kind das Predigen. Da Homosexualität des Teufels ist, entzieht die Mutter ihrer Tochter jegliche Unterstützung, als sie von deren Liebesbeziehung zu einer Freundin erfährt, denn ihr ist der Herr nahe, doch die Nächsten ziemlich fern. Jeanette freilich ist energisch, willensstark und durchsetzungsfähig; sie verdient sich durch verschiedene Jobs (Kosmetikerin in einem Beerdigungsinstitut, Eisverkäuferin) das Geld, um die Schule zu besuchen und einen Abschluss zu machen. Anschließend studiert sie am St Catherine's College in Oxford Englisch. Nach ihrem Examen arbeitet sie unter anderem an einem Theater und veröffentlicht 1985 ihren ersten Roman. Schon als Kind hat sie geschrieben – wenn auch zumeist Predigten –, und die »Gewohnheit« des Schreibens behält sie bei, diese empfindet sie geradezu als existenziell. Sehr bald folgen weitere Bücher, deren Titel – AUF DEN KÖRPER GESCHRIEBEN (1992), DAS GESCHLECHT DER KIRSCHE (1989) und VERLANGEN (1987) – bereits auf ein starkes erotisches Element hinweisen. Winterson sagte über ihr wichtigstes Thema in einem Interview, dass sie über Liebe schreibe, da diese das Wichtigste in der Welt sei, und dass sie über Sex schreibe, weil man diesen häufig für das Wichtigste im Leben halte. Und – gewissermaßen mathematisch – favorisiert sie Liebesverhält-

Dorf in Gloucestershire

nisse im Dreieck, nicht immer gleichschenklige, doch meistens mit
zwei Frauen.

Nach ihren ersten Werken scheint Wintersons Karriere unaufhalt-
sam, doch gibt es Rückschläge, denn sie kann ihr Selbstbewusstsein
und ihr Erfolgsstreben nicht immer in Einklang bringen mit dem,
was das Publikum, vor allem die Medien, von einer Autorin hören
möchte. Gefragt nach ihrem Vorschlag für das Buch des Jahres 1992
nennt sie ein eigenes Werk und – später – als bedeutendste lebende
Autorin sich selbst. Ironisches Selbstbewusstsein wird als Arroganz
ausgelegt, und Winterson zieht sich für einige Zeit aus der Öffentlichkeit zurück. Selbstkritisch merkt sie nach derartigen Äußerungen an,
dass sie sich besser den Mund hätte zunähen lassen sollen. Übertrie-

bene Bescheidenheit kann man ihr wahrlich nicht vorwerfen, wenn sie sich etwa in einer Talkshow als literarische Erbin von Virginia Woolf bezeichnet – jedoch ist Bescheidenheit sicher fehl am Platze, will man sich in der Öffentlichkeit durchsetzen.

Winterson konzentriert sich aufs Schreiben, lebt deshalb in einer relativen Einsamkeit in einem kleinen Dorf am Flusse Windrush in Gloucestershire, wo sie – etwas problematisch für eine Umweltaktivistin – für die Fuchsjagd eintritt. Sie besitzt allerdings auch ein altes, stilgerecht renoviertes Haus im Londoner East End, das im Erdgeschoss einen Delikatessenladen beherbergt, der im Sinne einer biologisch hochwertigen Ernährung gesunde Köstlichkeiten anbietet. Sie hat viele Freundinnen, lebt aber zumeist mit einer festen Partnerin, die nicht selten verheiratet ist. Inzwischen ist sie eine in jeder Hinsicht etablierte Autorin, und wenn sie auch in Interviews gerne ihre Working-class-Herkunft betont, ist sie doch stolz, als sie 2006 in den Order of the British Empire für Verdienste um die Literatur aufgenommen wird.

Wichtiger aber als alle Auszeichnungen ist für sie das Bewusstsein, mit ihren Werken Menschen zu erreichen und ihnen die Welt – vielleicht sogar eine neue Welt – zu zeigen. Sie möchte, wie sie in einem Interview des GUARDIAN sagte, die Leser nicht etwa unterhalten, sie will mehr: Sie will sie verändern, ihre Imagination erweitern, sie verführen, sie befreien, sie zu einem Ort mitnehmen, an dem sie noch nie waren. Und für dieses Ziel kämpft sie mit jedem Buch.

## Englisches aus Irland und Schottland

# Iris Murdoch und Muriel Spark

Nein, Judi Dench ist nicht Iris Murdoch und Kate Winslet ist es auch nicht. Und das Wichtigste im Leben von Iris Murdoch war nicht ihre Erkrankung an Alzheimer. Doch wer heute an sie denkt, wird es vermutlich zuerst im Erinnern an den Film tun, in dem eine beeindruckende Judi Dench die Autorin während der letzten Jahre ihres Lebens, während des langsamen Vergessens der Welt darstellt und Kate Winslet die junge Frau spielt, die ihre Schriftstellerkarriere noch vor sich hat. Und dann sind da noch die Memoiren des Witwers John Bayley, der sehr viel persönlicher, als es ein fremder Biograf könnte, die ELEGIE FÜR IRIS (1998) schreibt. Allerdings tut er dieses mit einer fast indezenten Offenheit, die den Leser zuweilen verschreckt, denn der fühlt sich geradezu als Voyeur, als Eindringling in ein Leben, das in der beschriebenen Intimität nur zwei Menschen gehört. Doch andererseits wird das Dahinschwinden eines Geistes, der einmal die Klarheit des Denkens und die Kreativität des Schreibens einer bedeutenden Schriftstellerin bestimmte, von Bayley so sensibel und zärtlich beschrieben, dass sich beim Leser Mitgefühl und Verständnis einstellen. Bayley schildert aber nicht nur die von der Krankheit geprägten Jahre, seine ELEGIE ist vor allem deshalb so eindrucksvoll, weil er – gewissermaßen im Kontrast dazu – das Bild jener Iris Murdoch zeichnet, wie er sie in einer mehr als vierzigjährigen Ehe erlebte: die Wissenschaftlerin, die Philosophin, die Autorin, die freundliche Verführerin und ständig Verführte, von vielen geliebt und viele liebend, die zuweilen kindliche Ehefrau, die humorvolle Gefährtin, die nachlässige Haushälterin. Und nicht zu vergessen die Irin aus Dublin, die sich ihrer Herkunft von der grünen Insel mit Stolz und einer gewissen Verklärung bewusst war.

Viele Autorinnen, die Wesentliches zur englischen Literatur beigetragen haben, sind nicht in England geboren. Manche von ihnen hatten weite Reisen hinter sich, als sie endlich auf der Insel eine neue Heimat fanden. Katherine Mansfield kam aus Neuseeland, Doris Lessing aus Südrhodesien, Jean Rhys aus der Karibik und Sybille Bedford aus Deutschland. Demgegenüber war der Weg für Iris Murdoch näher, denn ihre Eltern hatten nur die relativ kurze Entfernung zwischen Dublin und London zurückgelegt, doch vor dem Hintergrund des historischen Konfliktes zwischen den Protestanten und Katholiken war der Weg weit. Iris Murdoch wurde 1919 nördlich des Liffey in Dublin geboren. Die Eltern wohnten in der Blessington Street, die damals wie heute nicht zu den feineren Gegenden der Stadt gehörte, auch wenn der vornehme Parnell Square nicht weit entfernt ist. Heruntergekommene Häuserreihen mit pseudogeorgianischen Eingängen in einer Art Sackgasse bestätigen Murdochs Aussage, dies sei eine schmutzige Straße, die ins Nichts führte. Zwar ziehen die Murdochs schon bald nach London, doch Iris betont immer wieder ihre irische Abstammung, ihre Verbundenheit mit den Protestanten.

In London tritt der Vater in den Staatsdienst, und Iris wächst in einer kleinen, glücklichen, sie liebevoll umsorgenden Familie auf. Auch wenn man nicht im Wohlstand lebt, ist man doch bereit, in die Schulbildung der Tochter zu investieren, und schickt Iris auf moderne Schulen. Zuerst besucht sie die Froebel Demonstration School in London, dann die Badminton School in Bristol, deren Ziel es war, Mädchen die gleiche Bildung zuteil werden zu lassen wie Knaben und – wie noch heute – sie zu befähigen, in der Gesellschaft ein selbstbewusstes, politisch verantwortliches Leben zu führen; für kurze Zeit gehörte auch Indira Gandhi zu den Mitschülerinnen. Hier kann Iris zum ersten Mal ihre literarische Kreativität entfalten – das Schreiben und die Autonomie des Denkens werden ihr von nun an das Wichtigste im Leben sein.

Zum Studium geht Iris ins Somerville College nach Oxford, studiert erst Englisch, dann Altphilologie, und so, wie sie schon als Schülerin exzellierte, tut sie dies auch als Studentin. Trotz akademischer Strenge und strikter Regeln genießt sie die universitäre Freiheit. Politisch nähert sie sich kommunistischen Ideen an, ist auch zeitweise Mitglied der Partei, später dann wird sie sich Labour nahe fühlen. Sie macht einen hervorragenden Abschluss, arbeitet erst im Schatzamt, und nach dem Kriege betreut sie *displaced persons* in österreichischen Lagern. Doch da sie an eine wissenschaftliche Laufbahn denkt, geht sie nach Cambridge, um philosophische Studien zu betreiben.

Auch wenn sie es immer von sich weist, in ihren Romanen »zu philosophieren«, haben diese doch stets auch einen philosophischen Subtext, der moralische Erkenntnisse und Intentionen widerspiegelt. 1948 erhält sie eine Tutorenstelle an dem Frauencollege St. Anne's in Oxford und ist sehr bald beliebt bei ihren Studentinnen und besonders bei ihren Kolleginnen. Trotz ihrer Lehrtätigkeit verliert sie nie ihr Ziel aus dem Auge; einem Interviewer erklärt sie, sie habe schon als Kind gewusst, dass sie eine Schriftstellerin werden wolle, und mit dem Geschichtenschreiben mit neun oder zehn Jahren begonnen. In einem Brief bekennt sie: »Herrgott, wie gerne ich schreiben möchte! Ich möchte einen langen, langen & ausgesprochen undurchsichtigen Roman schreiben, der die seltsamen Konflikte, in denen ich mich befinde & die ich im Wesen anderer beobachte, objektiviert.« (Conradi) Und einige Wochen später: »Schreiben ist die einzige Tätigkeit, die mich spüren lässt: ›Nur ich konnte das hervorbringen.‹« (ebd.) Diese Tätigkeit gewährt ihr eine existenzielle Erfüllung, die sie jeden Tag neu erleben möchte und die sie – vor allem als sie ihre regelmäßige Lehrtätigkeit aufgegeben hat – auch fast jeden Tag empfindet. Gewissermaßen ihre individuelle Erfahrung vom Glück des Schreibens!

Und lang werden ihre Romane auch und wenn nicht undurchsichtig, so doch zuweilen verwirrend. Der Roman DAS MEER, DAS MEER (1978) hat beispielsweise in der deutschen Fassung 687 Seiten und bietet eine Vielzahl von Personen auf, die sich um den Ich-Erzähler gruppieren. Auch DIE FLUCHT VOR DEM ZAUBERER (1956) ist sehr umfangreich und verpflichtet zu konzentriertem Lesen, um den Überblick über Personen und Handlungsstränge zu bewahren. Dieser sehr erfolgreiche Roman erzählt die Geschichte mehrerer Menschen, die

in den Bann des dämonischen, mit nahezu teuflischen Zügen ausgestatteten Millionärs Mischa Fox geraten, eines Mannes von geheimnisvoller Herkunft.

Iris Murdoch hatte natürlich ein Zimmer für sich allein, erst im College und nach ihrer Heirat sogar ein großes Zimmer in einem großen Haus, und in dem absolviert sie, wie sie in einem Interview erklärt, ein sehr geregeltes Schreibpensum. Sie beginnt morgens um 9 Uhr, weil sie sich da »am denkfähigsten« fühlt, und schreibt bis eins, dann erledigt sie zum Beispiel den Abwasch und sitzt von vier bis halb sieben wieder am Schreibtisch; ein »nächtlicher Arbeiter« ist sie nicht. Bevor sie anfängt, hat sie bereits den genauen Plan für das Buch erstellt; die Schwierigkeit bei diesem Vorgehen besteht darin, die Idee während des Schreibens »lebendig« zu halten. Murdoch arbeitet sehr schnell: Bei der Beendigung des einen Buches hat sie das andere bereits im Kopf, und so gelingen ihr in vierzig Jahren 26 Romane, ferner Kurzgeschichten, Gedichte und Theaterstücke. Wenn sie schreibt, ist sie so versunken in ihre innere Welt, dass sie – wie ihr Ehemann berichtet – am Leben in der »äußeren« Welt kaum teilhat. Gefragt nach der von ihr erhofften Wirkung ihrer Bücher und nach dem idealen Leser, gibt sie eine nur scheinbar simple Antwort: Ein lesenswertes Buch sei ein Geschenk, das den Menschen eine unschuldige Beschäftigung verschaffe, die sie von ihren Sorgen ablenke – und vom Fernsehen.

Journalisten fragen aber nicht nur nach dem »Wie« des Schreibens, sondern natürlich vor allem nach dem Inhalt der Bücher. In einem Interview bezeichnete Iris Murdoch die Liebe als ihr Hauptthema, denn ihrer Ansicht nach sei die damit verbundene Energie so weit und in so unterschiedlicher Form verbreitet, dass sie nahezu alle Arten und alle Aspekte des menschlichen Lebens erfasse. Liebe sei eine Macht, die bestimme, welche Rollen andere Menschen in unserem Leben spielen, entweder die als Herrscher oder die von Sklaven. Und hier treffen auf bemerkenswerte Weise Leben und Werk der Autorin zusammen. Das Liebesleben von Iris Murdoch war so extensiv, dass man sich fragt, woher sie noch die Zeit für andere Beschäftigungen, beispielsweise für ihre Arbeit, nahm. Da Frauen weniger zu Erfolgsmeldungen im Bereich »sexuelle Aktivitäten« neigen und kaum Statistiken führen über ihre erotischen Begegnungen, kann man nur ahnen, wie hoch die Zahl derer ist, mit denen Murdoch Beziehungen unterhielt – häufig waren es mehrere Partner (und Partnerinnen) gleichzeitig, was genaue »Stundenpläne« notwendig machte –, und kaum zu schätzen ist, wie viele Heiratsanträge sie erhielt. Dennoch blieb bei vielen, die sie kannten, der Eindruck von Unberührtheit und Jungfräulichkeit. Nach Aussagen ihres Ehemannes bedeutete ihr Sex gar nicht so viel, sie sah ihn mehr als Ausdruck ihrer Freundlichkeit und Zuwendung zu dem jeweiligen Partner – Sex also weniger als Eros, sondern als Agape.

Dann trifft sie den jungen Oxford-Dozenten Bayley, der sich in die einsam an seinem Fenster vorbeiradelnde Iris verliebt und völlig von der Erkenntnis überrascht wird, dass sie alles andere als einsam ist. Und da er sie nicht für sonderlich attraktiv hält, erstaunt ihn, wie sehr die universitäre Gemeinschaft sie bewundert. Ein wenig kann man Bayley verstehen, denn Iris legte kaum Wert auf ihr Äußeres. Ihre Kleidung wirkte immer etwas »zusammengestoppelt«, auch nur der Gedanke an modische Konventionen war ihr fremd, und eine gepflegte Frisur schien nicht notwendig. Conradi zitiert in seiner großen Murdoch-Biografie einen Lehrer von Bayley, der sie eine »zerzauste, absatzlose kleine Dame mit Laufmaschen« nannte – »von sprühender Intelligenz, aber nicht gerade eitel«.

John Oliver Bayley und Iris Murdoch heiraten 1956. Zuvor allerdings hatte sie sich den säkularen Segen eines ihrer damaligen Geliebten eingeholt, von Elias Canetti, dem »Monster von Hampstead«, wie ihn Bayley genannt hat. Canetti, späterer Nobelpreisträger, ist sich seiner Außergewöhnlichkeit sehr bewusst, und er leidet darunter, dass die englische Gesellschaft ihn nicht seiner Bedeutung gemäß wahrnimmt. Obwohl verheiratet, unterhält er etliche Liebesbeziehungen, wobei die mit seiner Schriftstellerkollegin Iris bald von kritischer Eifersucht auf ihren Erfolg beeinflusst wird, der ihm unangemessen erscheint – und da weiß er noch nichts von ihren späteren Literaturpreisen und ihren zahlreichen britischen und internationalen Ehrungen. In seinem Erinnerungsbuch PARTY IM BLITZ beschreibt Canetti seine Geliebte, ihr Äußeres, ihre Denkweise, ihre

The Bridge of Sighs, Hertford College, Oxford

Werke und den Liebesakt mit ihr in einer eitlen und selbstgefälligen Gehässigkeit. Am meisten empört Canetti, dass sie für ihre Besuche bei ihm eine genaue Terminierung vorgibt – eine Stunde vielleicht, aber nicht länger. »[…] immer bestimmte sie vorher, wie viel Zeit sie darauf zu wenden gedachte, und obwohl es um das ging, was sie für Liebe hielt, hätte sie sich es nie erlaubt, mehr als die vorbedachte Zeit darauf zu verwenden.« Er verachtet diese »Stundenplan-Liebe«, aber vor allem wohl deshalb, weil er sich nicht durch eine Zeit und Raum vergessende Leidenschaft adoriert sieht.

Bayley seinerseits schildert Canetti als selbstgefälligen Egomanen, der rücksichtslos gegenüber Freunden handele, nennt ihn aber auch »Magier«, da es ihm auf geheimnisvolle Weise gelinge, die Menschen – sie gewissermaßen verzaubernd – für sich einzunehmen. Iris lässt ihn auf der Besetzungsliste einiger ihrer Romane erscheinen: Der mysteriöse, mächtige und manipulativ agierende »Magier« Mischa Fox in DIE FLUCHT VOR DEM ZAUBERER – Murdoch nennt ihn in einem Interview sogar eine Gottheit – trägt ebenso Züge von ihm wie der eitle Held in DAS MEER, DAS MEER, der ernsthaft annimmt, seine Jugendliebe würde nach vierzigjähriger Trennung wieder seiner Unwiderstehlichkeit anheimfallen.

Canetti hat es wohl nicht verwunden, dass Iris sich seinem Einfluss entzog, seiner »Unwiderstehlichkeit« widerstand und er sie an Bayley verlor. Mit Bayley wird sie mehr als vierzig Jahre und – wie es scheint – glücklich zusammen sein. Sie kaufen sich weit außerhalb Oxfords ein großes Haus mit riesigem, etwas verwunschen wirkendem Grundstück, Cedar Lodge in Steeple Aston, gegenüber der Kirche und dem alten Schulhaus, wo sie »separate but not separated« leben. Oxford ist ihre Lebens- und Schreibwelt, die vertraute Basis ihrer intellektuellen Existenz, doch sie behalten auch in London eine kleine Wohnung, so dass nicht nur die Universitätsstadt, sondern auch die Metropole für sie Bedeutung hat – in vielen Romanen von Murdoch ist London der Schauplatz des Geschehens. Trotz ihrer Arbeit sind beide viel unterwegs, und gerne gehen sie ihrem Hobby nach: Wo immer sie ein Gewässer in der Natur antreffen, steigen sie hinein, und wenn kein Badezeug griffbereit ist, tut es auch die Unterwäsche, ob sie nun präsentabel ist oder nicht. Beide stellen keine Ansprüche aneinander, zumindest nicht solche, die sie an der Arbeit hindern würden. Ein »Engel im Haus« ist nicht vonnöten, da man es sich selbst überlässt – eine Zugehfrau wird gleich wieder heimgeschickt, und gelassen beobachtet man die Verwandlung des Anwesens in eine Art »Staubschloss«. Bayley kommentiert das schmuddelige Chaos mit Resignation und Humor gleichermaßen. Anfang der neunziger Jahre beginnen sich bei Iris Vergesslichkeit und andere, scheinbar übliche Anzeichen des Alterns zu zeigen; erst 1997 wird bei ihr Alzheimer diagnostiziert. Ihr Mann pflegt sie fast bis zuletzt. Als sie am 9. Februar 1999 stirbt, ist die Bekanntgabe ihres Todes die erste Mitteilung in den BBC-Nachrichten – vor allen anderen Meldungen.

*

Während Iris Murdoch, obwohl sie immer ihre irische Herkunft betonte, nur selten auf irische Themen zurückgriff, lässt Muriel Spark, in Edinburgh geboren und dort achtzehn Jahre wohnend, sehr viel stärker ihre schottischen Erinnerungen in ihr Werk einfließen. Dennoch wird auch sie durchaus als englische Autorin wahrgenommen. Zwar könnte man auch sagen, sie sei eine europäische Autorin – mehr

Englischer Gesellschaftssport: Krocket

als die Hälfte ihres Lebens verbrachte sie in Italien –, und ihr Lebensweg hat sie zudem bis nach Afrika und in die USA geführt, doch ihre Art des Schreibens, ihr scharfer Witz und ihr schwarzer, nicht selten makabrer Humor sind sehr angelsächsisch.

Geboren wurde sie 1918 als Muriel Sarah Camberg, Tochter englisch-schottisch-jüdischer Eltern, die ihr – wie sie in ihren Erinnerungen CURRICULUM VITAE berichtet – eine glückliche Kindheit bereiteten. Sie wurde presbyterianisch erzogen und konvertierte 1954 zum Katholizismus, eine Entscheidung, die ihr, wie sie in einem Interview sagte, Sicherheit und Vertrauen gab im schöpferischen Prozess des Schreibens, gewissermaßen die Fähigkeit, von oben auf die eigenen Geschöpfe zu blicken durch die Einsetzung des allwissenden Erzählers. In Edinburgh besuchte sie die James Gillespie's School for Girls, die noch heute auf der Homepage stolz über ihre berühmteste Schülerin berichtet. Und diese Schülerin machte ihre alte Schule und eine Lehrerin dieser Anstalt ebenfalls berühmt. In ihrem Roman DIE BLÜTEZEIT DER MISS JEAN BRODIE (1961) setzt Spark ihrer Lehrerin Christina Kay ein nicht unproblematisches Denkmal, in der Personenzeichnung zwischen Sympathie und Sarkasmus wechselnd. Brodie ist eine sehr unkonventionelle Pädagogin, der die Entwicklung ihrer Schülerinnen wichtiger ist als die Erfüllung von Lehrplänen – allerdings ist es eine Entwicklung, die nach ihrem Muster zu erfolgen hat. Sie schart eine Gruppe von Schülerinnen um sich, die Brodie-Clique, der sie sich, durchdrungen vom pädagogischen Eros, mit Hingabe widmet, denn sie ist – wie sie immer wieder betont – in der Blüte ihrer Jahre und deshalb voller Kraft und Enthusiasmus. Kunst, Literatur und Musik sind für sie die wahren Erzieher, die sie für die crème de la crème der Schule aufbietet. Liebesgeschichten erfahren die Mädchen allerdings weniger aus der Literatur, vielmehr aus den lebendigen Erinnerungen ihrer Lehrerin, und auch an deren aktuellem Liebesleben nehmen sie regen Anteil. Alle Bemühungen der Schulleiterin, Miss Brodie zu entfernen, werden von ihr und ihrer Clique konspirativ verhindert. Erst Brodies Begeisterung für Mussolini und Hitler, von denen sie nach ihren Urlaubsreisen schwärmt, bietet die Möglichkeit, sie zu entlassen. Dieser Roman von Muriel Spark wurde ihr erfolgreichster und bekanntester und das sicher auch deshalb, weil er – trotz der nicht unproblematischen Erziehungsmethoden von Jean Brodie – die enorme Bedeutung zeigt, die eine exzentrische Lehrerpersönlichkeit für ihre Schülerinnen und Schüler haben kann. Spark und ihre Mitschülerinnen erinnern sich bis ins hohe Alter an ihre Lehrerin, die durch ihre Unterstützung die junge Muriel zum Schreiben ermutigte: Bereits als Schülerin wird diese für ihre ersten literarischen Versuche ausgezeichnet, und sie gewinnt zugleich die Überzeugung, dass sie in Zukunft immer wird schreiben müssen und können.

Nach der Schule arbeitet Muriel kurze Zeit in einem Kaufhaus und heiratet 1937 den Lehrer Sidney Oswald Spark, geht mit ihm nach Rhodesien, bekommt einen Sohn und lässt sich scheiden, da die Ehe durch die Gewalttätigkeit ihres Mannes zunehmend unerträglich wird. Allerdings behält sie seinen Namen bei – anfangs nur ihrem Sohn zuliebe, aber als sie mit ihren Werken an die Öffentlichkeit tritt, erscheint ihr der Name von Vorteil, hat er doch, anders als ihr Mäd-

chenname Camberg, die Ingredienzien von Leben und Spaß in sich, wie sie in ihrer Autobiografie schreibt.

Mitten im Krieg kehrt sie unter großen Schwierigkeiten nach England zurück und holt ihren Sohn erst später nach, um ihn sehr bald ihren Eltern zur Betreuung zu übergeben; er wird ihr diese Trennung nie verzeihen. In London vermittelt sie eine Mitarbeiterin des Arbeitsamtes, der das literarische Interesse der Bewerberin auffällt – Spark liest während des Wartens einen Roman von Ivy Compton-Burnett –, auf einen Posten beim Geheimdienst. Unter ihrem Chef Sefton Delmer arbeitet sie in der Abteilung für psychologische Kriegsführung und hilft bei der Produktion von Radiosendungen, die gezielt Falschmeldungen nach Deutschland und an die Front liefern. Nach dem Krieg betreut sie in führender Position in London die POETRY REVIEW und deren Autoren; die Erlebnisse in dieser Zeit werden in dem Roman »ICH BIN MRS. HAWKINS« (1988) verarbeitet. Muriel Spark schreibt Gedichte und Kurzgeschichten und lebt in Kensington unter sehr kärglichen Bedingungen, die durch die Lebensmittelrationierung noch verschärft werden. Von einem Zusammenbruch erholt sie sich nur langsam und erfährt dabei Unterstützung durch Graham Greene. Aber nichts kann sie von ihrem Ziel abbringen, zu schreiben und Erfolg zu haben. Sie sammelt Erfahrungen, beobachtet ihre Arbeitskollegen, ihre Mitbewohner, ihre Freunde, die Menschen auf der Straße in der Gewissheit, hier die Personen für ihre Romane zu finden. Und in dieser produktiven Beobachtung lebt sie ein intensives Leben, in dem aus der Befriedigung des Anschauens das Glück des Schreibens wird.

1957 erscheint Muriel Sparks erster Roman DIE TRÖSTER, die Geschichte einer jungen Konvertitin, die zwar nicht Muriel heißt, doch Ähnlichkeiten zeigt mit Spark und ihrer eigenen Konversion. Von da an kann die Kritik fast jedes Jahr ein neues Buch von ihr begrüßen, und sie tut dies vorwiegend enthusiastisch. Ein nicht geringer Teil ihrer Werke hat London zum Schauplatz und biografische Erlebnisse zum Inhalt. Die MÄDCHEN MIT BEGRENZTEN MÖGLICHKEITEN (1963) schildern das Nachkriegsleben in einer Art »Club«, der jungen Frauen Unterkunft und Schutz bietet gegen die Gefährdungen der Großstadt, denen aber alle irgendwann anheimfallen. Die humorvolle Unbekümmertheit der Darstellung täuscht nur auf den ersten Blick über die Tragik der Schicksale hinweg: Der Kontrast zwischen der Leichtigkeit des Scheins und der Kümmernis des Seins ist eines der wesentlichen Merkmale des Schreibens von Muriel Spark.

Zwar hat keines der Werke von Spark eine explizit religiöse Thematik, doch die Auseinandersetzung mit der Problematik von Gut und Böse ist in vielen enthalten. Die Hauptfigur des Romans DIE BALLADE VON PECKHAM RYE (1960) trägt sogar teuflische Züge: Dougal Douglas zeigt zuweilen seine Höcker auf dem Kopf, hat eine deformierte Schulter und richtet offenbar nur Unheil an in Peckham, dem südlichen Londoner Arbeitervorort. Denn alles, was während seines Aufenthaltes geschieht, wird mysteriöserweise ihm zur Last gelegt: Ein Bräutigam sagt »Nein« vor dem Altar, ein Mann ermordet seine Geliebte, Dougals Wirtin erleidet einen Schlaganfall, und trügerische Ruhe kehrt erst wieder ein, nachdem die diabolische Person Peckham verlassen hat.

Muriel Spark, inzwischen erfolgreich und wohlhabend, verlässt 1963 England und geht in die USA, wo sie für die Zeitschrift NEW YORKER arbeitet. Wenige Jahre später siedelt sie nach Rom über, dort richtet sie sich in einem luxuriösen Ambiente ein. Mit ihrer Freundin zieht sie dann in die Toskana, wo sie – erheblich einfacher als in der Hauptstadt und viel bodenständiger – bis zu ihrem Tod 2006 lebt. Die Nachrufe, vor allem jene in den englischen Zeitungen, rühmen DIE BLÜTEZEIT DER MISS JEAN BRODIE, die scharfe Zunge der Autorin und verweisen auf ein bedrückendes privates Problem – das lebenslange Zerwürfnis mit ihrem Sohn, den sie sogar von der Erbschaft ausschließt.

# Barbara Cartland und Rosamunde Pilcher

Um den Erfolg von Barbara Cartland zu verstehen, sollte man jeweils den Schluss ihrer Bücher lesen! Aber da man es nur schwerlich aushalten würde, dies bei den mehr als 700 Romanen zu tun, seien lediglich zwei Beispiele für die gefühlsträchtige, direkt aufs Herz der Leserin zielende Schreibweise von Cartland angeführt: »Unfähig, sich länger zu beherrschen, zog er sie an sich und presste seine Lippen in wildem Begehren auf die ihren. Seine Hände streichelten dabei ihren Körper, der sich ihm hingebungsvoll entgegendrängte, heiß und zitternd wie im Fieberwahn, ungeduldig, ihm zu gehören. Ja, Clint war der Sieger, der Eroberer, der Mann, der den Kampf um sie gewonnen hatte. Oh, wie sie ihn liebte, Clint, ihren Mann, der sie jetzt und immer glücklich machen würde.« (LIEBE IM GALOPP) Oder: »Seine Lippen küssten ihren Mund und antworteten auf ihre brennende Leidenschaft. Sein Herz schlug heftig gegen ihres, während er sie ganz fest an sich zog. Und dann umgab sie nur noch der Duft des Geißblattes, das unfassliche Geheimnis der Liebe.« (DAS GEHEIMNIS DER WEISSEN DAME) Das Geheimnis von Barbara Cartland jedoch, Dame of the British Empire und Trägerin zahlreicher Auszeichnungen, besteht darin, dass ihr pinkfarbenes Bild in der Öffentlichkeit kaum übereinstimmt mit der Persönlichkeit, die für die Entstehung jenes Bildes sorgte.

Mary Barbara Hamilton Cartland wird 1901 in der Nähe von Birmingham geboren; ihre Familie ist sehr wohlhabend, doch der Selbstmord des Großvaters und der Soldatentod des Vaters im Ersten Weltkrieg lassen die Mutter und drei Kinder mit finanziellen Problemen zurück. Barbara hat die üblichen Schulen für höhere Töchter besucht – Lernziel: der letzte Schliff im gesellschaftlichen Umgang –, ohne dadurch eine qualifizierte Ausbildung zu erhalten, die ihr einen gesicherten Gelderwerb ermöglicht hätte. Aber sie schlägt sich durch. In ihren Erinnerungen WE DANCED ALL NIGHT beschreibt sie ein – auf den ersten Blick – amüsantes Leben in der Zwischenkriegszeit, in der sie eine nicht unbedeutende Rolle als »Gesellschaftslöwin« spielt. Aber im Gegensatz zu den Vornehmen und Reichen, mit denen sie die Nächte verbringt, muss sie das Geld für die Vergnügungen selbst verdienen. Sie wird Journalistin im Konzern von Lord Beaverbrook, der sie nicht nur mit Politikern wie Winston Churchill bekannt macht, sondern ihr auch einen wesentlichen stilistischen Rat gibt, den sie später in ihren Geschichten beherzigt: Nur kurze Sätze! Barbara Cartland schreibt über den Klatsch und Tratsch, den sie aus erster Hand erfährt, und über die Romanzen der oberen Zehntausend – immer auf der Suche nach einem guten Verdienst und nach dem Mann, der sie finanziell absichert und in gesellschaftliche Höhen emporhebt. In schwindelerregende Höhen bringt sie ihre Abenteuerlust 1931 bei der Erprobung eines Gleitflugzeuges, bei der sie nicht unbeträchtliche Risiken eingeht – 1984 wird sie in den USA wegen ihrer Verdienste um die Luftfahrt geehrt. Ebenfalls 1931 organisiert sie Autorennen nur für junge Frauen, um zu beweisen, dass auch Frauen gut und rasant fahren können.

Sie ist jung, lebensfroh und attraktiv und kann zwischen zahllosen Heiratsanträgen wählen: Schließlich nimmt sie den von Alexander George McCorquodale an, dem reichen Erben einer Druckerdynastie, von dem sie sich allerdings bald wieder scheiden lässt, um dessen Cousin Hugh zu heiraten. Der eigentliche Mann in ihrem Leben aber ist ihr Bruder Ronald, der ihr, wie sie sagt, alles bedeutete außer Sex. Ronald will ins Parlament, und Barbara unterstützt seine Kampagne nicht nur mit Geld, weshalb sie noch mehr Artikel und Romane schreibt, sondern auch mit den Reden, die sie in seinem Wahlkreis hält. Er gewinnt 1935 den Sitz für die Konservativen als einer der jüngsten Abgeordneten. Bei seiner weiteren Arbeit ist ihm Barbara eine große Hilfe: Sie liest vorab seine Reden und diskutiert seine politischen Positionen mit ihm, und aus dieser Tätigkeit gewinnt sie die Sicherheit für eigene politische Aktivitäten. Auch schreibt sie weiterhin Romane und Kurzgeschichten, um ihrerseits zum Familieneinkommen beizutragen.

Während des Krieges ist es für Barbara Cartland eine selbstverständliche Pflicht, an der Heimatfront aktiv zu sein. Sie arbeitet für die St. John Ambulance Brigade, ist Welfare Officer – mit maßgeschneiderter Uniform vom Couturier Worth – für die weiblichen Mitglieder des Militärs. Da sie immer weiß, was Frauen wünschen, sorgt sie dafür, dass die Soldatinnen weiße Hochzeitskleider und Spitzenhöschen beziehen können, denn richtige Kleidung fördert die Stimmung und hebt die Moral. Nach dem Krieg verstärkt Barbara Cartland ihr soziales wie politisches Engagement, und den politischen Einsatz des Parlamentsabgeordneten Ronald führt sie nach seinem Tod – er und sein jüngerer Bruder sind im Kriege gefallen – für die Konservativen auf anderer Ebene im Hertfordshire County Council weiter. Sie kämpft für eine Verbesserung der Lebensbedingungen alter Menschen, für die Rechte der »Gypsies« und für andere soziale Veränderungen. Auch Reformen in den Bereichen Gesundheit und Umweltschutz sind für sie wichtige Anliegen. Da sie Beziehungen bis in die höchsten Kreise hat – Lord Mountbatten beispielsweise gehört zu ihren engeren Freunden –, gelingt ihr vieles, was anderen versagt bleibt.

Obwohl Barbara Cartland zeit ihres Lebens immer geschrieben hat, beginnt sie mit jenen Romanen, die sie zu einer internationalen Berühmtheit machen sollten, erst nach dem Krieg. Zugleich erfolgt ihre Verwandlung in die »Lady in Pink«, die in etwas schriller Aufmachung jene durchaus rationale Persönlichkeit, die sie wirklich ist, hinter einem dick aufgetragenen Make-up verbirgt. Von 1948 an publiziert sie – zur Freude ihrer Leserinnen und ihrer Verleger – so erfolgreich ihre Herz-Schmerz-Romanzen, dass sie sich angespornt fühlt, ihre Produktion von Jahr zu Jahr zu steigern. Am Ende stehen ungefähr 700 veröffentlichte Romane auf ihrer Buchliste, 160 unveröffentlichte werden in ihrem Nachlass gefunden. Sie diktiert jeden Tag etwa 6000 bis 10 000 Worte, die immer dasselbe beschreiben: Ein starker, möglichst adeliger Mann wird nach einigen Irrungen und Wirrungen

Hochzeit des Prince of Wales mit Lady Diana Spencer

der Partner einer unschuldigen, wenn auch heißblütigen Jungfrau,
denn: Ein Roman hat an der Bettkante zu enden, so eine der literarischen Grundregeln von Cartland. Eine ihrer eifrigsten Leserinnen ist
die Princess of Wales, deren Stiefgroßmutter sie durch die zweite Heirat ihrer Tochter wird. Lady Di erlebt mit Prinz Charles eine Hochzeit,
wie sie Barbara Cartland kaum romantischer hätte erfinden können,
doch was bei der Autorin als Happy End gestaltet worden wäre, ist bei
ihrer Enkelin der Beginn von Unglück und Leid. Bis ins hohe Alter
veröffentlicht die »Dame in Rosa« weiterhin Buch auf Buch, in geistiger Frische bis zum Schluss. In dieser Zeit verschwindet auch die
»Pink Lady«; auf den Bildern ist jetzt eine reizende ältere Dame zu
sehen, deren Zartheit vielleicht anrührender wirkt, als ihre Bücher es
je könnten. Sie stirbt im Jahre 2000, im 98. Lebensjahr, und wird in
einem Sarg aus Pappe – entsprechend ihrem Einsatz für die Umwelt –
unter der uralten Eiche im Garten ihres großen Anwesens Hatfield,
das einmal Beatrix Potter gehörte, beigesetzt.

*

Auch Autorinnen haben – natürlich – Wünsche. In einem Interview bekennt Rosamunde Pilcher, sie hätte gerne Daphne du Mauriers REBECCA oder Nancy Mitfords ENGLISCHE LIEBSCHAFTEN geschrieben; das letztgenannte Buch schätzt sie vor allem wegen seines Humors. Ihre Romane sind sicher weniger zum Lachen – sie verlangen vielmehr von den gerührten Leserinnen zuweilen den Gebrauch von Taschentüchern –, doch da sie fast immer gut enden, stiehlt sich zum Schluss zumindest ein Lächeln auf das Gesicht eben jener Leserinnen. Und von denen gibt es eine Vielzahl in zahlreichen Ländern: Nicht nur in Deutschland gilt Rosamunde Pilcher als Bestsellerautorin, auch in den USA wartete man gespannt auf jedes neue Buch von ihr. Der Schauplatz der meisten ihrer Romane ist Cornwall, und dort wurde Rosamunde Scott 1924 in Lelant, einem kleinen Ort nahe St. Ives, geboren. Ihr Vater war Marineoffizier, und auch Rosamunde trat während des Krieges in den Royal Naval Service ein, später arbeitet sie im Außenministerium. Sie schreibt von Jugend an, und das mag auch dadurch beeinflusst sein, dass zum Freundeskreis der Eltern zahlreiche Künstler gehörten – in St. Ives hatte sich Ende des 19. Jahrhunderts eine Kolonie für Maler und Bildhauer etabliert. Nach dem Kriege heiratet sie den Textilunternehmer Graham Pilcher, mit dem sie in dessen schottische Heimat zieht. Am stärksten vermisst sie nun die Sonne und die besondere cornische Flora; als Gartenliebhaberin war sie von der Blütenfülle der Küste im Südwesten begeistert, jetzt muss sie dem raueren Klima im Norden das Gedeihen der Pflanzen abringen. Sie zieht vier Kinder groß, führt ein intensives Familienleben – und schreibt Geschichten und Romane, meistens am Küchentisch, weil ihr das eigene Zimmer fehlt.

Recht spät und völlig überraschend stellt sich 1987 der überwältigende Erfolg ein: Mit der Veröffentlichung des Romans DIE MUSCHELSUCHER wird Rosamunde Pilcher zu einer Bestsellerautorin. Das Buch erzählt die Geschichte von Penelope Keeling, einer älteren Dame, die nach einer Herzattacke die Bilanz ihres Lebens zieht: Sie denkt über ihre egoistischen Kinder nach, die sich von ihr entfernt haben, über den Mann, den sie liebte, über ihren Vater, den Künstler, dessen Bild »Die Muschelsucher« eine besondere Bedeutung gewinnt. Auch wenn die Heldin am Schluss stirbt, so hat das Buch dennoch ein Happy End, denn Penelope hat in ihrem Testament für das Glück eines jungen Paares gesorgt. Der Schauplatz nicht nur dieses Romans ist Cornwall mit den kleinen Fischerorten, dem weiten Meer, den weißen Stränden, den einsamen Buchten und den romantischen Sonnenuntergängen, die eine besondere Stimmung schaffen. Die Romane von Rosamunde Pilcher enthalten jene Ingredienzien, die vor allem die weibliche Leserschaft schätzt und die man – wollte man polemisch sein – auf die Begriffe Schicksal, Liebe, Schmerz, Entsagung und Erfüllung reduzieren könnte. Doch damit täte man der Autorin Unrecht. Und das nicht nur, weil ihre Sätze erheblich länger sind als die von Barbara Cartland. Die Charaktere in ihren Geschichten sind komplexer, und die Fähigkeit der Autorin, Atmosphäre und Landschaft zu schildern, lässt der Phantasie größeren Raum. Dem Vorwurf, sie schreibe »Kitsch«, tritt Rosamunde Pilcher mit der einfachen Feststellung entgegen, sie schreibe für intelligente Ladys.

In den Jahren nach 1987 erscheinen zahlreiche weitere, ebenso erfolgreiche Romane. Und da fast alle Erzählungen auch verfilmt werden, wächst ihre Fangemeinde vor allem in Deutschland. Trotz der großen Honorare, die jetzt ihr Bankkonto füllen, bleibt Pilcher der uneitle Familienmensch, der keinen Rolls-Royce und keinen Nerz braucht und dem im Alter ein kleines Haus mit einem liebevoll zu pflegenden Garten genügt. Ihr ist es wichtig, dass sie jetzt für die Kinder und die wachsende Enkelschar sorgen und deren Zukunft sichern kann. Inzwischen ist ihr Sohn Robin ebenfalls ein erfolgreicher Romancier geworden, dessen Themen denen der Mutter nicht unähnlich sind. Wie immer man auch über ihre literarischen Werke urteilen mag – eine wesentliche Leistung wird man Rosamunde Pilcher nicht absprechen können: Durch ihre Romane und durch deren Verfilmungen hat sie zum einen ein idealisiertes Bild von England im Ausland geprägt und damit zum andern eine besondere Begeisterung für die Insel erweckt.

# Daphne du Maurier, Agatha Christie, Dorothy Sayers und P. D. James

Wer London nur als nebelverhangene Stadt in Erinnerung hat, wer meint, England werde ständig von schlechtem Wetter heimgesucht, glaubt zu wissen, warum in dieser Düsternis das Verbrechen gedeiht. Und da finstere Begebenheiten nach literarischer Bewältigung verlangen, wundert es niemanden, dass auf der Insel so viele Kriminalromane geschrieben werden. Aber die Kriminalitätsrate ist hier nicht höher als anderswo, und schwere Gesetzesübertretungen ereignen sich auch bei strahlendem Sonnenschein und in idyllischen Dörfern. Und wenn auch die Aufklärung der realen Verbrechen noch überwiegend von Männern geleistet wird, ist doch die literarische Verarbeitung dieser Aufklärung seit vielen Jahren fest in weiblicher Hand. P. D. James erklärt in ihrer Autobiografie ZEIT DER EHRLICHKEIT, woran das liegen mag. Sie meint, dass Frauen einige natürliche Vorteile hätten, zum Beispiel »das Auge für Details, für die Kleinigkeiten des täglichen Lebens, die so wichtig sein können, um im Roman Anhaltspunkte zu schaffen. George Orwell hat gesagt, dass Mord, dieses einzigartige Verbrechen, aus starken Gefühlen erwachsen muss, und auch in dieser Hinsicht können Frauen im Vorteil sein, weil sie an starken Gefühlen viel mehr interessiert sind als an Gewalt und Waffen.«

Allerdings wird das Genre höchst unterschiedlich gestaltet. Die Ermittlungsarbeit kann von Privatdetektiven oder Kriminalbeamten geleistet werden, mal wird im Team, mal allein recherchiert. Während manchen Autorinnen die Überführung des Täters besonders wichtig ist, legen andere Wert auf eine präzise Anamnese der psychischen Hintergründe. Wird in manchen Werken die Spannung durch die klassische Abfolge von Verdacht, Nachforschung und Aufdeckung entwickelt, gibt es andere, die Gruselelemente enthalten. Ebenso vielgestaltig sind die Schauplätze, auf denen die Morde geschehen – um dieses Kapitalverbrechen handelt es sich zumeist – und wo die Täter ergriffen werden. Es gibt kaum eine Stadt, kaum eine Grafschaft, die nicht von Autorinnen als Biotop für Mord und andere Sünden genutzt wird, und so könnte man durchaus einen literarischen »Atlas des Verbrechens« für England entwerfen. Zugleich fände man auf diesem Atlas viele Orte, die zur Biografie der Autorinnen gehören und an die sie in ihrer »kriminellen« Phantasie zurückkehren.

Im äußersten Südwesten Englands, in Cornwall, ist die Landschaft von felsiger, meerumspülter Schönheit und beklemmender Einsamkeit – und in der Phantasie der Einwohner besiedelt von Geistern und anderen mysteriösen Wesen. Die Menschen lebten vom Fischfang und Schmuggel und früher nicht selten in dem Bewusstsein, wenn schon nicht Herr über die Natur, so doch über das Recht zu sein. In diese wilde Gegend kommt Daphne du Maurier, ein junges, wohlbehütetes Mädchen aus London, um dort mit ihrer Familie die Ferien zu verbringen. Kaum an dem gesellschaftlichen Leben in London interessiert, das ihre Eltern für sie vorgesehen haben, wendet sie sich dem wilden Cornwall zu, das bereits nach der ersten Begegnung die Landschaft ihres Lebens geworden ist. Da sie außerdem von frühester Jugend an schreibt, sucht sie die Möglichkeit, sich dort allein niederzulassen, um ganz dem Schreiben zu leben. Der Kauf des Ferienhauses »Ferryside« gegenüber dem Hafen von Fowey entscheidet alles – Daphne du Maurier bleibt dort, um ihren ersten Roman zu verfassen. In ihren Erinnerungen schreibt sie: »In der Luft schwebte ein Geruch von Teer und Tauen und verrosteten Ketten, ein Geruch von Flut. Unten, vor dem Hafen, um die Spitze, war das offene Meer. Hier war die Freiheit, die ich lang ersehnt, lang gesucht und noch nicht gekannt hatte. Die Freiheit, zu schreiben, [...] ein Boot zu rudern, allein zu sein.« (MEIN CORNWALL) Dieses Alleinsein hält so lange an, bis Major Browning ihren Weg kreuzt, auf der Suche nach der inzwischen bekannten Autorin, deren Romane ihm gefallen haben. Nach

Daphne du Mauriers Ferienhaus »Ferryside« in Fowey

kurzer Bekanntschaft heiraten sie 1932 – den Heiratsantrag machte Daphne –, aber selbst in der Ehe sucht sie immer wieder die ihr schon als Kind vertraute Einsamkeit.

1907 wird Daphne du Maurier in London geboren – als Tochter eines erfolgreichen Theaterproduzenten und Regisseurs, über den sie den biografischen Roman GERALD schreiben wird und der mit Edgar Wallace befreundet war. Sie ist der besondere Liebling ihres Vaters, der sie wie einen Jungen – und das heißt in gewissem Maße auch: zu einem Jungen – erzieht. Sie durchläuft die übliche Ausbildung einer höheren Tochter, für längere Zeit auch an einer Schule in Paris, weiß aber immer, dass sie nur schreiben will; ihre kreative Energie geht nach eigener Auffassung aus ihrem »zweiten« Ich, dem Jungen in ihr, hervor. Da ihr geliebter Vater merkwürdigerweise sehr homophob ist, schließt Daphne den Jungen meistens tief im Innern ein. Auch bei ihrer Heirat ist er unter Verschluss, und längere Zeit glaubt sie, er sei gar nicht existent. Erst die Begegnungen mit der Frau ihres amerika-

nischen Verlegers und mit einer amerikanischen Schauspielerin lassen den Jungen und die Leidenschaft frei.

Während sie zu Beginn der Ehe ihren Mann in die verschiedenen
Garnisonen begleitet und mal in London, mal in Ägypten, mal in
England auf dem Lande lebt, wird es dann doch notwendig, eine
Bleibe auf Dauer zu suchen – natürlich in Cornwall. Lange Zeit ist
Ferryside die bevorzugte Unterkunft, und von dort aus unternimmt
Daphne lange Wanderungen an den Stränden entlang und durch
Wälder und Wiesen, und so kommt sie auch zu einem Besitztum, das
nahe an der Küste versteckt hinter hohen Bäumen liegt. Menabilly
scheint verlassen und dem Verfall preisgegeben, obwohl der Besitzer
noch lebt, der Daphne erlaubt, das Anwesen zu erkunden, das sie
schließlich mietet. Wer heute auf Daphne du Mauriers Spuren wandelt – und das sind Unzählige – sieht sich durch entsprechende Schil-
der am Betreten des Grundstücks gehindert. Das Haus ist in Privat-
besitz, und die Autorin war schon viele Jahre vor ihrem Tode ausge-
zogen, doch für sie und damit für ihr Publikum ist Menabilly der
Schauplatz ihres Lebens und ihres Schreibens.

»Gestern Nacht träumte ich, ich sei wieder in Manderley. Ich sah
mich am eisernen Tor der Einfahrt stehen, und ich konnte nicht hin-
eingelangen, denn der Weg war mir versperrt.« So beginnt der berühmteste Roman von Daphne du Maurier, REBECCA (1938), und
Manderley ist Menabilly, das cornische Herrenhaus. Der Roman hat
jedoch kaum biografische Bezüge; er kann als eine Mischung aus Kriminalroman, Romanze und Gothic Novel beschrieben werden, in
dem Schauerelemente genauso zu finden sind wie eine Liebesgeschichte und ein Mord. Maxim de Winter bringt seine zweite Frau in
sein Haus Manderley, das noch erfüllt ist von der Erinnerung an Rebecca, die erste Frau, wofür vor allem die eifersüchtige Haushälterin
sorgt, die die neue Gemahlin geradezu diabolisch quält und verunsi-
chert. Eines Tages wird ein gesunkenes Boot mit einem Leichnam
geborgen, und alle Umstände deuten auf ein Verbrechen. Maxim muss
seiner jungen Frau gestehen, dass seine angeblich so glückliche Ehe
mit der angeblich so wunderbaren Rebecca nur Schein war, dass sie
ihn ständig betrogen hat und sein Leben beherrscht war von Schmerz
und Hass. Schließlich hat sie ihn mit der Aussage, von einem anderen

Mann schwanger zu sein, derart provoziert, dass er sie erschoss und mit ihrem Boot im See untergehen ließ. Doch seine junge Frau versichert ihn ihrer tiefen Liebe und ihres immerwährenden Beistandes, und durch intensive Recherche mithilfe eines Richters erfahren sie von Rebeccas Arzt in London, dass sie sterbenskrank war und nie ein Kind hätte bekommen können. Der angebliche Mord war in Wirklichkeit ein provozierter Selbstmord, de Winter sieht sich entlastet, seine junge Frau ist erwachsen geworden, und eine glückliche Ehe kann beginnen. Bei ihrer Rückkehr nach Manderley sehen sie das Haus in Flammen und die Vergangenheit mit ihm verbrennen.

Dieser Roman wurde der erfolgreichste von Daphne du Maurier; er erzielte hohe Auflagen, es gab eine Star-Verfilmung von Alfred Hitchcock, ein Theaterstück und sogar ein Musical nach dieser Vorlage. Und die vielen Touristen, die vergeblich den Zugang zum Park von Menabilly-Manderley suchen, hoffen insgeheim, noch Hinweise auf den mysteriösen Kriminalfall und seine Protagonisten zu finden. Diese Wanderer auf literarischen Spuren sind es auch, die durchs Bodmin Moor fahren, um dem berühmtesten Gasthaus Englands einen Besuch abzustatten und ein Glas nicht geschmuggelten Whiskys zu trinken. In ihrem Roman JAMAICA INN hat Daphne du Maurier die verbrecherischen Aktivitäten an Cornwalls Küste im 19. Jahrhundert beschrieben. Ein Vikar ist Kopf einer Bande von Strandräubern, die Schiffe mit falschen Signalen nachts zu den Klippen locken, die Mannschaft töten und die Ladung rauben; ihr Hauptquartier ist das Wirtshaus Jamaica Inn. Hierhin kommt die junge Mary, eine Waise, verliebt sich in den ebenfalls kriminellen Bruder des landlords und muss die Verbrechen miterleben. Natürlich wird der niederträchtige Vikar zur Strecke gebracht, der Liebhaber geläutert und Mary – vermutlich – Ehefrau. Dieser Roman nun ist eine Mixtur aus Abenteuer-, Liebes- und Kriminalroman, wobei für Daphne du Maurier besonders wichtig das Lokalkolorit Cornwalls war. Im heutigen Gasthaus werden die »Verbrecher« in einer speziellen Show vorgeführt, und derjenigen, die für den Besucherstrom sorgt, ist ein kleines Museum gewidmet.

Den größten Teil ihrer Zeit verbringt Daphne schreibend in Menabilly, und die kreative Beschäftigung hilft ihr auch über depressive

Cornische Landschaft in der Nähe von Menabilly

Phasen hinweg. Als ihr Mann nach dem Krieg zum »Haushalt« des Gemahls der Königin gehört und in London lebt, sehen sie sich nicht mehr häufig, die Ehe erlebt einige – durch Seitensprünge ausgelöste – Krisen, doch an Scheidung denkt man nicht, weil man daran nicht denken darf. Daphne nennt 1948 in einem Brief noch einen anderen Grund für Eheprobleme: »Ich glaube, wirklich, dass Frauen nicht Karriere machen sollten. Tatsächlich haben Frauen wie ich, die Karriere gemacht haben, die alte Beziehung zwischen Mann und Frau versaut.« (Forster) Diese Aussage bezieht sich nicht zuletzt auf die ökonomische Situation: Daphne du Maurier hat mit ihren Büchern stattliche Honorare erzielt und kann so ihrem sehr viel weniger verdienenden Mann großzügige Geschenke machen – eine Umkehrung der üblichen Rollen, von der der traditionsbewusste Ex-General zwar profitiert, die er aber nur schwer annehmen kann. Browning stirbt 1965, und so wichtig für Daphne immer das Alleinsein war – jetzt fühlt sie sich trotz der großen Familie einsam. Sie schreibt nur noch wenig, dreht aber mit ihrem Sohn einen Film über Cornwall, dessen besonderen Charakter sie durch Touristenmassen gefährdet sieht – zu deren Anwachsen sie allerdings selbst durch ihre Bücher beigetragen hat. 1989 stirbt Daphne du Maurier; ihre Asche wird von den Kindern über cornischen Klippen verstreut.

\*

Wenn man auf der Landkarte literarischer Kriminalität weiter an der Südküste entlang nach Nordosten reist, gelangt man nach Torquay in Devon. Dort wurde 1890 Agatha Mary Clarissa Miller geboren, besser bekannt als Agatha Christie. Ihr Name fällt in der Regel als erster, wenn von Krimiautorinnen die Rede ist, denn sie ist sicher die erfolgreichste Romanautorin aller Zeiten; angeblich sollen ihre Bücher Auflagen erreicht haben, die durchaus mit denen der Bibel und der Werke Shakespeares konkurrieren können. Agatha wuchs als Tochter eines wohlhabenden Amerikaners in jenem Ort auf, der Ende des 19. Jahrhunderts als Refugium für die Reichen und Adeligen an der »englischen Riviera« in Mode gekommen war. Devon war nicht nur für die junge Agatha die Landschaft, in der sie viele Ausflüge, zum Beispiel in das auch heute für Touristen noch attraktive idyllische Dorf Cockington unternahm, sie kehrte auch später wieder dorthin zurück, als sie am Ufer des Dart das große Anwesen Greenway erwarb. Und ihr erfolgreichster Roman Und dann gabs keines mehr (1939) spielt auf Burgh Island, einer Insel mit einem eleganten Hotel vor der Küste, die nur bei Ebbe sicher zu erreichen ist.

Agathas Mutter, die ihre drei Kinder daheim unterrichtete, ermunterte ihre jüngste Tochter, als diese krank und sich langweilend im Bett lag, es doch mal mit dem Schreiben von Geschichten zu versuchen. Mit dieser Beschäftigungstherapie begann zwar langsam und verhalten, jedoch stetig und zunehmend erfolgreich die Karriere der berühmtesten Kriminalschriftstellerin der Welt, zugleich wurden alle Pläne beendet, mit denen Agatha eine Laufbahn als Sängerin oder Pianistin angestrebt hatte. Zwar wartete auch sie, wie die meisten jungen Frauen damals, auf den »Märchenprinzen«, der sie in eine wunderbare Ehe entführen sollte, doch sie tat es eher halbherzig, wie sie in ihrer Autobiografie schreibt. Erst als der schmucke Luftwaffenoffizier Archibald »Archie« Christie auf der Bildfläche erscheint, ändert sich ihre Einstellung. Die recht lang währende Brautzeit wird abrupt durch den Ausbruch des Ersten Weltkrieges beendet, die beiden heiraten noch 1914. Archibald kämpft in Frankreich, und Agatha leistet daheim ihren patriotischen Beitrag, indem sie in einem Krankenhaus die Apotheke betreut und dabei zwar nicht die Giftmischerei, jedoch den Umgang mit gefährlichen Stoffen lernt.

Diese praktischen Erfahrungen kommen ihr zugute, als sie sich immer häufiger in die virtuelle Welt des Verbrechens begibt. In dieser von ihr erfundenen Welt sind die Mörder scheinbar freundliche Mitmenschen und gute Nachbarn, die aber ein dunkles Geheimnis hüten; sie agieren äußerst raffiniert und ihre Opfer kommen nicht selten durch Gift zu Tode. Allerdings gibt es keinen Täter, keine Täterin, die es an Raffinesse, Klugheit, Intuition, blitzschneller Kombinationsgabe und Kaltblütigkeit mit den beiden wichtigsten Protagonisten der Bücher Christies aufnehmen können, nämlich mit Miss Marple und Hercule Poirot. Das ältliche Fräulein, aufmerksame Hüterin der Gerechtigkeit in dem kleinen Ort St. Mary Mead, weise leichte Ähnlichkeit mit ihrer Großmutter auf, schreibt Agatha Christie in ihrer Autobiografie. Beide waren heiter und aufgeschlossen, doch von ihren Mitmenschen erwarteten sie immer nur das Schlechteste – und darin behielten sie gewöhnlich recht. Für die Beschreibung von Hercule Poirot erinnert sich Agatha an einen »seltsamen« Belgier, um den sie sich im Krieg gekümmert hatte. 1920 erscheint ihr erster Roman Das fehlende Glied in der Kette, und mit ihm betritt der eitle, kombinationsstarke Belgier die literarische Bühne.

Anfangs geht es ihr wie vielen jungen Autoren – sie wird von einem geschäftstüchtigen Verleger nur unzureichend honoriert; doch da vor allem ihre kürzeren Geschichten seitens der Zeitungen eine rege Nachfrage erfahren, erkennt Agatha Christie, dass sie auf dem Wege ist, eine erfolgreiche Autorin zu werden; sie engagiert einen Agenten, der sie jahrzehntelang betreuen wird. Er handelt ihre Verträge aus und steht ihr in den Auseinandersetzungen mit den Finanzbehörden bei, die – wie in fast allen Ländern der Erde – exorbitante Steuersätze verlangen. Wenn es aber um Korrekturen oder auch um die – äußere – Gestaltung der Bücher geht, behält sie sich immer das letzte Wort vor;

Haus in Cockington, einem kleinen Dorf nahe Torquay

der Aufmachung der Schutzumschläge zum Beispiel widmet sie besondere Aufmerksamkeit. 1926 erscheint dann jener Roman, der ihren Ruhm und ihren anhaltenden Erfolg begründet, und dies vor allem deshalb, weil er wichtige »Krimi-Regeln« gezielt missachtet. ALIBI wird erzählt vom Dorfarzt Dr. Sheppard, der sich Hercule Poirot als eine Art Watson andient. Alle Details von Tat und Ermittlungsarbeit, von Verdächtigen und Verdachtsmomenten werden von dem hilfsbereiten Mediziner mitgeteilt. Umso größer ist die Verblüffung des immer auf Überraschungen gefassten Lesers, als er entdecken muss, dass der Erzähler selbst der Mörder ist.

In dieser Zeit gibt es einen geheimnisvollen Vorfall im Leben von Agatha Christie, der trotz intensiver Ermittlungsarbeit von Klatschreportern, Polizisten, Biografen und auch unter Mithilfe des »Opfers« nicht völlig aufgeklärt werden kann: Agatha verschwindet für mehr als eine Woche spurlos und wird mysteriöserweise erst wieder hoch im Norden, in Harrogate, entdeckt; in der Zwischenzeit geriet ihr Mann sogar unter Mordverdacht. Auch in ihrer Autobiografie geht sie auf dieses Ereignis nicht genauer ein, doch man vermutet, dass es eine Reaktion auf die Untreue ihres Mannes war, von der sie kurz zuvor erfahren hatte. Bald darauf lässt sie sich scheiden, und wie viele Frauen wird auch sie nach der Trennung von ihrem Mann selbstständig und unabhängig. Sie selbst schreibt in ihrer Autobiografie, dass sie nach der Rückkehr von einer weiten, zur Ablenkung unternommenen Reise wieder sie selbst war – »ein gestähltes Selbst, das der Welt misstraute, sich aber nun in einer besseren Position befand, um mit ihr fertig werden zu können«. (MEINE GUTE ALTE ZEIT) Und diese Wandlung besagte auch, dass sie sich zunehmend ihrer Bedeutung als Kriminalautorin bewusst wurde. Während ihrer Ehe hatte sie häufig ihren Mann gebeten, den Wert ihrer Einfälle zu beurteilen, ohne jedoch dabei wirkliche Hilfe zu erfahren, denn Mr. Christie war von der Arbeit seiner Frau nicht sonderlich überzeugt. Zwar trug sie erheblich zum Haushaltseinkommen bei, zugleich aber schenkte sie Archie nicht immer die gebührende Aufmerksamkeit, zum Beispiel bei seiner Leidenschaft, dem Golfspiel – der »Engel im Haus« hätte dieses Mal ein sportliches Gewand tragen müssen.

Nach der Scheidung wird die Dringlichkeit, Geld zu verdienen, für Agatha Christie noch spürbarer. Dies sei der Moment gewesen, schreibt sie in ihrer Autobiografie, wo sie von der Amateurin zum Profi wurde. Und das bedeutet, auch dann zu schreiben, wenn einem nicht danach zumute ist und Einfälle sich nur mühsam einstellen wollen. Auch wenn hier das Glück des Schreibens zu einer Last des Schreibens zu werden scheint, überwiegt doch die Freude, die Lust am Erfinden. Und die beschreibt Agatha Christie in einer durchaus nachvollziehbaren Weise. »Eine der Freuden, die das Schreiben von Detektivgeschichten bietet, besteht darin, dass es so viele Arten gibt, die man wählen kann: den heiteren Thriller, höchst vergnüglich zu schreiben; die raffiniert ausgeklügelte Detektivgeschichte mit einer komplizierten Handlung – sie ist technisch interessant, erfordert viel Arbeit, wird aber immer lesenswert sein; und schließlich die Detektivgeschichten, die von einer Art Leidenschaft geprägt sind – von dem leidenschaftlichen Verlangen, dem Unschuldigen zur Seite zu ste-

Das Grab von Agatha Christie auf dem Friedhof von Cholsey

hen.« (MEINE GUTE ALTE ZEIT) Neben der Schreibfreude wird hier aber noch ein anderer Impetus erkennbar, der für das Leben wie die Arbeit von Agatha Christie fundamental ist: ein hohes moralisches Engagement, dessen Wurzeln in einer tiefen Religiosität liegen – als reiche Frau wird sie später große Summen für wohltätige Einrichtungen spenden. Ihre rigorose moralische Haltung sorgt allerdings auch für eine schwarz-weiße Weltsicht. Nicht nur in Miss Marples Gemeinde werden Böcke und Schafe streng geschieden, nicht nur das dörfliche Universum ist unterteilt in Gut und Böse, ohne dass auf psychologische Differenzierungen großer Wert gelegt würde. Im Dorf wie in der Stadt treiben Verbrecher ihr Unwesen, und Hercule Poirot wie Miss Marple ist es aufgegeben, Gerechtigkeit und Frieden wiederherzustellen. In den Büchern von Agatha Christie scheint die englische Gesellschaft relativ unverändert die Vorkriegszeit überstanden zu haben: In den Dörfern wohnen die Familien in Cottages unter Strohdächern, nachmittags wird der Tee serviert, der Pfarrer ist oberste moralische und der Gutsherr oberste soziale Instanz, und bei genauerer Betrachtung endet die Welt am Horizont – auch wenn Poirot mit

150

dem Orientexpress oder dem Nildampfer reist und Miss Marple unter karibischer Sonne Ferien macht. Doch gerade diese einfachen Strukturen sind möglicherweise die Ursache für den ungeheuren Erfolg der Christie-Romane, denn es ist sehr beruhigend für den Leser wie die Leserin, in den Wirren der Gegenwart auf eine scheinbar heile Welt zu treffen, in der das Gute immer siegt und das Böse immer bestraft wird.

Den Wirren ihrer gescheiterten Ehe entkommt Agatha Christie durch Reisen bis in den Vorderen Orient, dabei natürlich auch den Orientexpress nutzend; sie erhält Anregungen für ihre Romane, erlebt jedoch keinen Mord. Auf Ausgrabungsstätten, die von englischen Archäologen betreut werden, lernt sie einen jungen Mann kennen, einen wissenschaftlichen Mitarbeiter des Teams. Max Mallowan, vierzehn Jahre jünger als sie, macht ihr intensiv den Hof und bald einen Antrag – 1930 heiraten sie. Das Vermögen der erfolgreichen Autorin ist der Karriere des Assyriologen nicht hinderlich: Er kann jetzt erheblich unabhängiger kostspielige Grabungen unternehmen, bei denen ihm eine junge Assistentin zur Seite steht. Auch er scheint wohl nicht zu den treuen Ehemännern gehört zu haben.

Mit dem wachsenden Wohlstand hat Agatha Christie die Möglichkeit, sich mit verschiedenen Häusern unterschiedliche Lebensräume zu schaffen. Angesichts dessen erstaunt besonders die Feststellung in ihrer Biografie, dass sie lange keinen eigenen Arbeitsplatz gehabt habe – ihr genügte ein Tisch, sei es einer in der Küche, sei es der Esszimmertisch. Erst sehr spät verfügt sie über das »eigene Zimmer«, und sie genießt es. Da ihre Freunde immer wieder fragen, wann und wie sie denn schreibe, erklärt sie in ihrer Autobiografie humorvoll das, was man sonst »Schaffensprozess« nennt. »Ich benehme mich wohl, wie es Hunde tun, wenn sie einen Knochen ergattert haben: sie verkriechen sich und lassen sich eine Zeitlang nicht mehr sehen. Schuldbewusst und mit schmutzigen Schnauzen kommen sie zurück. Bei mir ist es ähnlich. Ich war immer ein wenig verlegen, wenn ich ein Buch anfing.« (MEINE GUTE ALTE ZEIT)

Die zahlreichen Häuser, die sie im Laufe der Jahre erwirbt, gehören inzwischen zu ihrem Lebensstil. Am wichtigsten ist ihr dabei in Devon das Anwesen Greenway, unweit von Torquay, wo sie der englischen Leidenschaft für die Gärtnerei nachgehen kann. Ihrem Mann zuliebe, der in Oxford lehrt, kauft sie ferner in der Nähe der Universitätsstadt das Winterbrook House in dem kleinen Flecken Wallingford. Diese urenglischen Orte bilden häufiger als London den Schauplatz für ihre Romane, allerdings ist, sicherlich aufgrund von Kindheitserinnerungen, atmosphärisch mehr Cockington als Wallingford zu finden. Die Häuser sind auch Rückzugsorte vor der Öffentlichkeit. Nur ungern gibt Agatha Christie Interviews, nur selten stellt sie sich ihrem Publikum. Sie leidet unter den körperlichen Beschwernissen des Alters, unter dem Verschwinden jugendlicher Attraktivität und der Zunahme an Gewicht. 1971 wird sie geadelt, 1976 stirbt sie in Wallingford. Beerdigt wird sie auf dem nahe gelegenen Friedhof von Cholsey, der in die Weite von Oxfordshire weist. Ihr Mann stirbt zwei Jahre später, nicht ohne vorher noch seine ehemalige Assistentin geheiratet zu haben.

*

Eine der kriminellsten Städte Englands ist Oxford – zumindest wenn man die Spezialstatistik für literarische Verbrechen heranzieht. Zu dieser Statistik hat Dorothy Leigh Sayers nicht Unwesentliches beigetragen. Im Juni 1893 ist sie dort geboren als Tochter des Leiters der Christ Church Choir School, der wenig später eine Pfarrei in der Nähe von Ely übernehmen wird. Bluntisham-cum-Earith liegt in den Fens, der fruchtbaren, feuchten, regelmäßig von Überschwemmungen heimgesuchten Landschaft östlich von Cambridge, die später zur Heimat von Lord Peter Wimsey werden wird, dem adligen Detektiv aus dem – fiktiven – Hause Denver; bezeichnenderweise liegt ein Ort dieses Namens unweit von Bluntisham.

Dorothy wächst in dem großen, durchaus herrschaftlich wirkenden Pfarrhaus auf, das am anderen Ende der Straße liegt, die zur Kirche führt. Als einziges Kind ist sie der verwöhnte Mittelpunkt der Familie; sie wird in der ländlichen Gegend für damalige Verhältnisse recht frei erzogen und beginnt schon früh, Gedichte und kleine Dramen zu schreiben, die sie mit ihren Spielgefährten aufführt. Bevor sie auf ein Mädcheninternat kommt, wird sie zu Hause unterrichtet, und da sie klug und wissbegierig ist, erscheint es Reverend Henry Sayers

Das ehemalige Pfarrhaus in Bluntisham

als selbstverständlich, sie bereits im Alter von sechs Jahren Latein lernen zu lassen.

Noch aber schreibt Dorothy keine Romane, sondern bereitet sich auf die neue Schule vor, denn die Eltern wollen sie auf die Godolphin School in Salisbury schicken, da der häusliche Unterricht ihnen nicht mehr ausreicht. Auf der Mädchenschule gehört Dorothy bald zu den Besten; da sie sich allerdings ihres Wertes sehr deutlich bewusst ist, findet sie nicht immer jene Akzeptanz, die sie sich so sehr wünscht. Diese jedoch wird ihr in Oxford zuteil, nachdem sie ein Stipendium für das Somerville College erhalten hat, eine der wenigen Institutionen, die weiblichen Studierenden offenstehen. 1916 schließt sie mit der Bestnote in modernen Sprachen ab, wird allerdings erst 1920 graduiert, denn bis dahin waren Frauen zwar zum Studium zugelassen, konnten jedoch keine akademischen Grade erwerben. Sie sucht einen Job, unterrichtet für ein Jahr an einer Mädchenschule und ist froh, als sie gehen kann. Ihre anscheinend wenig angenehmen Erfahrungen fasst sie in der Erkenntnis zusammen, dass alle Mordgeschichten, die in einer Schule spielen, nur gut sein können, denn es sei mehr als glaubhaft, dass gerade an diesem Ort jemand umgebracht würde. Vor allem am Ende eines Schuljahres seien alle so nervös und angespannt, dass ein Verbrechen geradezu in der Luft liege. Sie hat in ihren Werken allerdings keine Schule von einem Mörder heimsuchen lassen!

Nach verschiedenen Jobs, so zum Beispiel bei Blackwell in ihrem geliebten Oxford, findet sie eine Anstellung in London. Sie mietet eine Wohnung in der Great James Street in Bloomsbury, gegenüber einem Polizeirevier, dessen blaue Laterne sie möglicherweise immer an Detektive erinnert. Ihr Arbeitgeber ist Benson's, eine Werbeagentur, bei der sie unter anderem Beiträge zu der Kampagne für Guinness-Bier liefert (»Guinness is good for you«). Und während sie lustige Werbesprüche in heiterer Gesellschaft formuliert, muss sie die schwerste Zeit ihres Lebens durchstehen. Nach einer intensiven, aber glücklosen Liebesbeziehung geht sie ein kurzes, aber folgenschweres Verhältnis mit einem Wohnungsnachbarn ein, dessen Hauptverdienst es ist, ihr die Leidenschaft für das Motorradfahren vermittelt zu haben – eine Leidenschaft, der sie sich auch später noch freudig hingibt. Sie weiß nicht, dass der Mann verheiratet ist und erfährt es erst durch seine heftige und ablehnende Reaktion, als sie ihm von ihrer Schwangerschaft berichtet. Ihre christliche Überzeugung lässt keine Abtreibung zu, in der damaligen Zeit ist ein uneheliches Kind immer noch ein Skandal, ihren alten Eltern kann sie sich nicht anvertrauen, weil sie ihnen den Schock nicht zumuten will, und so übergibt sie den 1924 geborenen Sohn einer Verwandten zur Betreuung; sie sorgt für ihn, möchte ihn auch, als sie verheiratet ist, zu sich nehmen, doch ihr Mann lässt es nicht zu. Erst spät erfährt John Anthony, wer seine Mutter ist; er kommentiert diese Enthüllung knapp: »Sie tat, was sie konnte.« Und das war trotz aller Liberalität in den zwanziger und dreißiger Jahren des letzten Jahrhunderts nicht so viel, wie ein Kind wohl gebraucht hätte – Dorothy L. Sayers hat sich dies immer zum Vorwurf gemacht und litt zeitlebens darunter.

Doch nicht erst diese familiäre Zwangslage veranlasst sie, über einen zusätzlichen Verdienst nachzudenken, und da sie ihre schriftstellerischen Neigungen in der Werbeagentur nicht annähernd verwirk-

lichen kann, beginnt sie, Kriminalromane zu schreiben, da für diese
gute Honorare zu erwarten sind. Damit tritt Lord Peter Wimsey in ihr
Leben und vor allem in das seiner zahllosen Fans. Ist er anfangs, wie
Dorothy L. Sayers selbst zugibt, nicht viel mehr als eine literarische
Verbindung von Bertie Wooster (dem reichlich naiven Helden von
P.G. Wodehouse) und Fred Astaire, so entwickelt er sich im Laufe der
Zeit zu einer lebensvollen, fast greifbaren Persönlichkeit, der nicht
nur die Sympathien des Publikums, sondern auch und vor allem die
ihrer Schöpferin gehören. Es ist nicht unwahrscheinlich, dass der
kluge, witzige, uneitle, selbstbewusste, leidensfähige Lord, der sich
der Mühseligen und Beladenen annimmt, der sich verliebt, aber nicht
wagt, diese Liebe zu leben, der unglaublich reich, aber auch beschei-
den ist, dass also dieser Lord im Prozess des Schreibens und Erfin-
dens Dorothy L. Sayers durchaus glückliche Momente bereitet, zumindest aber solche, die eine Kompensation von Unzufriedenheit
ermöglichen. Dies jedenfalls legen Äußerungen von Sayers in einer
Veröffentlichung ihres amerikanischen Verlages nahe. Sie weist darauf
hin, dass sie den Reichtum, mit dem sie Wimsey ausstattete (schließlich kostete es sie nichts), mit Vergnügen geradezu verschwenderisch
in einer Zeit einsetzte, als es ihr selbst schlecht ging. Unzufrieden mit
ihrem kleinen Appartement, ließ sie ihn in eine Luxuswohnung in
Piccadilly ziehen, hatte ihr billiger Teppich ein Loch, bestellte sie für
den Lord einen Aubusson, und wenn es ihr am Geld für den Bus
mangelte, stattete sie Wimsey mit einem Daimler double-six aus.

Aber Sayers Wimsey-Romane sind nicht nur ein opulenter Gegen-
entwurf zu eigener Bedürftigkeit, nicht nur zunehmend komplexer
werdende Darstellungen krimineller Fiktion, einige weisen auch au-
tobiografische Bezüge auf. Der erste Roman DER TOTE IN DER BADE-
WANNE (1923) ist allerdings noch eine sehr exzentrische Erfindung:
Ein rachsüchtiger Chirurg ermordet einen Nebenbuhler, lässt ihn se-
zieren und legt eine nackte, nur mit einem Kneifer ausgestattete Leiche in die Badewanne einer benachbarten Wohnung. Doch in ÄRGER
IM BELLONA CLUB (1928) werden die Spätfolgen des Krieges bei den
heimgekehrten Offizieren beschrieben, wie sie Sayers an ihrem Mann
erfahren hat, den sie 1926 heiratete. Und in MORD BRAUCHT RE-
KLAME (1933) verarbeitet sie ihre Erfahrungen in der Werbeagentur;

die Koinzidenz von Fiktion und Realität wird ironisch gefeiert, wenn Dorothy L. Sayers 1950 bei Benson's eine Plakette enthüllt, die des fiktiven Mordes in ihrem Roman gedenkt. In STARKES GIFT (1929) verarbeitet sie die unerfreulichen Erfahrungen mit einem Geliebten, der auf einer Beziehung ohne Trauschein bestand, und in dem Roman AUFRUHR IN OXFORD (1935), in dem Wimsey seiner Partnerin Harriet Vane hilft, mysteriöse Ereignisse in einem Frauencollege aufzuklären, erinnert sie sich an eine besonders schöne Zeit ihres Lebens – an die Jahre im Somerville College in Oxford. Besonders starke Bezüge zu ihrem Leben weist ihr erfolgreichstes Buch DER GLOCKEN SCHLAG (1934) auf, das überdies – aus kontinentaler Sicht – das englischste ihrer Werke ist. Zwar löst auch hier der Lord den Fall, doch im Mittelpunkt stehen der Reverend Theodore Venables, ein liebevolles Porträt von Sayers Vater, und die englische Leidenschaft für das kunstvolle, nach strengen mathematischen Regeln ausgeübte Glockenläuten. Reverend Sayers hat selbst einmal ein Büchlein über das Bell Ringing verfasst, und seine Tochter war stolz darauf, von der Campanological Society of Great Britain für ihr Werk geehrt zu werden. Eine Reise durch die Landschaft der Fens führt an vielen Kirchen vorbei, die Vorbilder waren für Fenchurch St. Paul im Roman: Von Christ Church, wo Reverend Sayers auch als Pfarrer wirkte, bis Upwell St. Peter gibt es kaum ein Geläute, das nicht von engagierten Church Bell Ringers betreut würde. Im letzten Roman der Wimsey-Serie (HOCHZEIT KOMMT VOR DEM FALL, 1937) gibt es sogar ein Happy End: Lord Peter heiratet die Detektivautorin Harriet Vane und beide werden glücklich miteinander. Vielleicht verdankt sich auch diese Wendung einem kompensatorischen Impuls, denn die Ehe von Dorothy L. Sayers mit dem Journalisten Fleming war nicht gerade glücklich: Je größer ihr literarischer Erfolg und je positiver ihre finanzielle Bilanz wird, desto stärker versinkt er in Alkoholismus und Selbstmitleid; er stirbt 1950.

Der Erfolg der Detektivromane hindert Dorothy L. Sayers nicht daran, ihre immer stärker werdenden theologischen und philologischen Interessen zu verfolgen. Nach 1940 schreibt sie nur noch Werke zu religiösen Fragen, vor allem aber widmet sie sich jenem Werk, das

ihr das wichtigste werden sollte – der Übersetzung von Dantes LA
DIVINA COMEDIA. Mit dieser wissenschaftlichen Arbeit kehrt sie ge-
wissermaßen nach Oxford zurück, obwohl sie schon lange in Witham
(Essex) lebt und nur noch eine kleine Wohnung in London unterhält.
Sie arbeitet viel, lebt ungesund und achtet kaum auf ihr Wohlergehen
– am 17. Dezember 1957 stirbt sie an einem Schlaganfall. Unter dem
Turm von St. Anne in Soho, wo sie Kirchenvorsteherin war, wird ihre
Asche beigesetzt; ein Epitaph an der Wand über ihrem Grab erinnert an
sie.

*

Von Oxford kommt man relativ schnell nach London und damit in
die Hauptstadt der britischen Kriminalistik, denn die bekannteste
Polizeibehörde der Welt – Scotland Yard – residiert in Westminster,
nahe der Victoria Street. Und einer der bekanntesten Detektive der
Gegenwart, Commander Adam Dalgliesh, das Geschöpf von P. D.
James, arbeitet dort. Allerdings wird er häufig zu Ermittlungen in die
Grafschaften geschickt, und zwar nicht selten an die Küste nach Suffolk. Und London wie Suffolk sind die beiden Stätten, denen im Leben von P. D. James eine besondere Rolle zukommt. Geboren wurde
Phyllis Dorothy James 1920 in Oxford, doch ihre Eltern zogen aufgrund finanzieller Probleme häufig um, unter anderem nach Cambridge. Anders als erhofft konnte sie trotz eines Stipendiums nicht
die höhere Mädchenschule besuchen und musste obendrein früh die
Ausbildung beenden, da ihr Vater sie möglichst bald im Beruf sehen
wollte. Eines aber ist ihr trotz aller Beeinträchtigungen schon von
frühester Jugend an klar: Sie will schreiben. Allerdings geht sie davor
anderen Beschäftigungen nach, von einem Job in der Steuerbehörde
über eine Anstellung im Gesundheitswesen bis zur Arbeit in der Kri-
minalabteilung des Innenministeriums – ideal, wie sie später sagt, um
Erfahrungen für Kriminalromane zu sammeln. Und da ihr Mann
psychisch krank aus dem Krieg heimkehrt und es an ihr liegt, für die
Familie mit kleinen Kindern zu sorgen, kann sie erst spät ihren
Schreibwunsch verwirklichen.

Wie sie in ihren Erinnerungen schreibt, begann sie mit Mitte dreißig an ihrem ersten Roman zu arbeiten; für »eine Frau, die von früher
Kindheit an gewusst hat, dass sie Romanschriftstellerin werden will,
ist das ein ziemlich später Anfang«. (ZEIT DER EHRLICHKEIT) Und sie
hatte kein eigenes Zimmer und kaum eigene Zeit, also konzipiert und
schreibt sie auch in der Circle Line der Londoner U-Bahn, auf dem
Weg zur Arbeit oder während der Fahrt zu ihrem kranken Mann. Der
starke Wille zu schreiben überwindet alle äußeren Hindernisse, und
kein anderes Genre kommt für sie in Frage als der Kriminalroman,
den sie schon mit Begeisterung in ihrer Jugend las. Ferner stellt sie
fest, dass sie wohl einen Hang zum Morbiden habe, der ihr die Erfor-
schung von Charakteren unter dem Druck polizeilicher Ermittlungen nach einem Mord als reizvoll erscheinen lässt. Allerdings sollte
man ihre Aussage, dass Frauen weniger an brutaler Gewalt interessiert seien, zumindest auf sie selbst bezogen nicht ganz wörtlich nehmen: In ihren Romanen sind die Mordopfer meistens blutüberströmt
und brutal dahingemetzelt, denn – so P. D. James – dieser Schock sei
für den Leser notwendig. Und zu dieser literarischen »Schockthera-
pie« gehört auch die bewusst eingesetzte Diskrepanz zwischen dem
Ort des Verbrechens und der Tat selbst, zwischen einem Ort schein-
baren Friedens und einer Tat äußersten Unfriedens. Schon bei Agatha
Christie fand man den Toten im Pfarrhaus und bei Dorothy L. Sayers
in der Badewanne; bei P. D. James werden Menschen in einer Kirche
oder in einem idyllischen Museum in Hampstead umgebracht.

Der erste Roman von P. D. James, EIN SPIEL ZUVIEL, erscheint
1962, und der Schauplatz des Verbrechens ist hier noch, in geradezu
klassischer Weise, ein Herrenhaus. Er ist – wie P. D. James in der Rückschau feststellt – eine Geschichte nach der Art von Agatha Christie. Es
gibt das englische Dorf mit den typischen Bewohnern wie Pfarrer
und Arzt und der ängstlichen alten Jungfer, die ihrem Bruder den
Haushalt führt, und natürlich dem Verbrechen in der ländlichen
Idylle. Die Autorin stellt amüsiert fest, dass der »gemütliche, traditio-
nelle englische Dorfmord« seinen Reiz wohl doch niemals ganz verliert. Für ihren »Erstling« erhält sie zustimmende Kritiken, und diese

*Am Strand von Dunwich (East Anglia)*

positive Resonanz darf sie bei jedem neuen Werk wieder erleben. Im Laufe der Jahre werden ihre Bücher nicht nur umfangreicher, sie nähern sich auch immer mehr den Problemen der gegenwärtigen Gesellschaft an: Mal sind es die Sünden einer verbrecherischen politischen Vergangenheit (WER SEIN HAUS AUF SÜNDEN BAUT, 1994), mal sind es die gesellschaftlichen Fragen, die sich aus dem Vorhandensein von Nuklearanlagen ergeben (VORSATZ UND BEGIERDE, 1989). Das Verbrechen an einer prominenten Anwältin (WAS GUT UND BÖSE IST, 1997) schließlich ermöglicht Einblicke in die Problematik des Rechtswesens. Eine ehrgeizige Anwältin erwirkt für einen des Mordes angeklagten jungen Mann einen Freispruch, ahnend, dass er schuldig ist, doch der berufliche Erfolg ist ihr wichtiger als Gerechtigkeit.

Sehr häufig wird der sensible, Gedichte schreibende Commander Dalgliesh bei den Ermittlungen für diese Fälle nach Suffolk gerufen, und dort, in Southwald, hat P. D. James ihr Wochenendhaus, denn dieser Landschaft fühlt sie sich schon seit ihrer Kindheit verbunden, als sie dort mit ihren Eltern Ferien machte. Die weiten Strände in Ortsnähe mit den bunten Hütten oder die einsamen Strandabschnitte mit den verfallenen Unterständen und alten Booten sind bevorzugte Schauplätze der Romane von James. »Die Leiche ohne Hände lag auf dem Boden eines kleinen Dingis, das gerade noch in Sichtweite der Küste Suffolks dahintrieb.« So beginnt der Roman EIN UNVERHOFF-TES GESTÄNDNIS (1967), und der Leser wird wieder mit den brutalen Details eines Verbrechens konfrontiert, die einer – nach P. D. James notwendigen – blutigen Grausamkeit nicht entbehren. Wieder liegt der Ort der Tat am Meer, und da für die Autorin Schauplatz und Handlung immer eng miteinander verflochten sind, ist für sie die Küste, vor allem wenn diese am Ende des Sommers so melancholisch und deprimierend wirkt, der passende Schauplatz für einen Kriminal-roman. Auf dem literarischen Atlas wird künftig vielleicht die Gegend zwischen Southwold, Blythburgh und Dunwich »P. D. James Country« heißen!

Im Laufe der Jahre wird die Autorin in mehrfacher Weise für ihr Werk geehrt: 1983 wird sie Mitglied im Order of the British Empire, viele Universitäten verleihen ihr die Ehrendoktorwürde, und 1991 wird P. D. James von der Königin in den Adelsstand erhoben; sie erhält den Titel Baroness James of Holland Park. Es ist sicherlich die höchste Ehrung, die einer Kriminalschriftstellerin je zuteil wurde!

In ihrer Autobiografie fragt P. D. James, warum man Kriminal-schriftsteller werden möchte, und sie antwortet – mit Fragen. Warum also dieser Wunsch? »Um dem erschreckenden Chaos eine Ordnung aufzuzwingen? Gerechtigkeit aus der Ungerechtigkeit zu schaffen? Um die Illusion zu erzeugen, dass wir in einem moralischen und ver-ständlichen Universum leben? Um Geld zu verdienen? Um eine Struktur zu schaffen, innerhalb deren Autor und Leser sich ohne Angst dem Grauen, der Gewalt und dem Tod stellen können? Um zu zeigen, dass es wenigstens auf einige Dinge eine Antwort gibt?« (ZEIT DER EHRLICHKEIT) Als die Autorinnen, die für sie vorbildhaft sind, nennt James vor allem Spezialistinnen für den Kriminalroman: Mar-gery Allingham und Ngaio Marsh; aber auch Jane Austen, Graham Greene und Evelyn Waugh gehören zu denjenigen, die sie besonders schätzt. Vor allem aber fühlt sie sich Dorothy L. Sayers verpflichtet, deren Einfluss auf ihr Werk sie besonders betont. Und so erstaunt es nicht, dass P. D. James die Patronin der Dorothy L. Sayers Society ist – als Nachfolgerin von Robert Runcie, dem ehemaligen Erzbischof von Canterbury.

## PETER RABBIT, DIE FÜNF FREUNDE
## UND HARRY POTTER

# Beatrix Potter, Enid Blyton und J. K. Rowling

W er heute in einem Buchladen einen Band »Potter« verlangt, wird mit sehr großer Wahrscheinlichkeit einen Roman überreicht bekommen, dessen Hauptfigur der berühmte Zauberlehrling Harry ist. Noch vor wenig mehr als zehn Jahren wäre der Kunde gefragt worden, ob der Held »Peter Hase« oder »Der Schneider von Gloucester« sein soll, denn damals war mit dem eingangs erwähnten Namen untrennbar Beatrix Potter, die Autorin zahlreicher Kinderbücher, verbunden. Nur wenige Kinder in England sind ohne »The Tale of Peter Rabbit« aufgewachsen, und auch in Deutschland (wie in vielen anderen Ländern) waren die kleinen Lebewesen, die Mäuse, Enten, Kaninchen und Frösche der Beatrix Potter geliebte Besucher in unzähligen Kinderzimmern. Und all jene, die vertraut mit diesen sehr menschlich auftretenden Tieren umgingen, hatten vermutlich eine sehr viel schönere Kindheit als die Frau, die diese Kinderwelt erschuf.

Helen Beatrix Potter wurde im Juli 1866 im Londoner Stadtteil Kensington geboren, als erstes Kind einer wohlhabenden Familie. Der Vater hatte geerbt, und deshalb brauchte er nicht seinem Beruf als Anwalt nachzugehen, sondern konnte sich den Besuchen in den verschiedenen Clubs widmen, deren Mitglied er war. Man führte ein großes Haus in Bolton Gardens nahe Earls Court, in dem der kleinen Beatrix wenig Raum und noch weniger Gesellschaft zugestanden wurde – sie wuchs sehr einsam und ohne Freundinnen auf. Darüber konnten sie auch kaum die jährlichen Ferienaufenthalte auf dem

Lande hinwegtrösten, doch immerhin lernte sie dabei die Natur kennen und lieben. In den langen Sommerferien – zuerst in Schottland, später dann im Lake Distrikt – erfuhr Beatrix nicht nur ein Gefühl der Befreiung, sondern entwickelte vor allem die lebenslange Begeisterung, ja Liebe für die Landschaft um den Lake Windermere. Statt gleichaltriger Kinder gehörten bald viele Tiere zu ihren Spielgefährten, und so war es üblich, mit einer großen Menagerie auf Reisen zu gehen. Besonders lieb waren ihr Kaninchen, die sie hegte und pflegte, bei Ausflügen an einer Leine spazieren führte – und vor allem als Modelle für ihre Zeichnungen nutzte. Denn während andere Autorinnen von Kindheit und Jugend an schrieben, war es für Beatrix Potter das Zeichnen, dem sie sich schon früh intensiv widmete – für sie begann die Kreativität mit dem Glück des Malens. Sie besuchte regelmäßig das in der Nähe des elterlichen Hauses gelegene Natural History Museum, um dort an den vielen – glücklicherweise bewegungslosen – Modellen ihre zeichnerischen Fähigkeiten zu vervollkommnen.

Diese Tätigkeit indessen wurde von ihren Eltern nicht sonderlich geschätzt, war es ihnen doch wichtiger, ihre Tochter als Betreuerin für sich und den Haushalt ständig um sich zu haben. Nur widerstrebend ließ man zu, dass Beatrix sich immer weiter in die Beobachtung und zeichnerische Wiedergabe der Natur vertiefte und sich an der Gestaltung von Postkarten versuchte. Auch konnte sie erzählen, und dieses Talent erprobte sie zuerst in Briefen an die Kinder ihrer früheren Gouvernante. Als deren Sohn krank war, schrieb sie ihm in einem Brief von den Erlebnissen des Hasen Peter – Peter Rabbit war geboren! Und als dann ein Verlag Interesse an den Abenteuern des frechen, vorwitzigen und ungehorsamen Hasenknaben bekundete, lieh sich Beatrix den Brief aus und entwickelte aus ihren skizzenhaften Einfällen ein komplettes Buch. 1902 hoppelte der freche Hase in die literarische Welt – und das mit außerordentlichem Erfolg, der bis heute anhält. Beatrix Potter war inzwischen 36 Jahre alt und lebte immer noch zu Hause – als fügsame Tochter den Direktiven ihrer Eltern folgend. Der Erfolg ihres Buches jedoch, der auch erheblichen Gewinn für sie abwarf, ließ sie langsam, sehr langsam, etwas unabhängiger werden. Fahrten, die sie mit Verwandten unternahm, waren für sie

Abenteuer, doch sie boten zugleich die Möglichkeit, Stoff für neue

Spezialgeschäft in Gloucester für Beatrix-Potter-Fans

Geschichten zu finden. So lieferte ein Ausflug nach Gloucester den
Kern zu der Erzählung vom Schneider, dem hilfsbereite Mäuse – gewissermaßen die Heinzelmännchen von Gloucester – einen wunderbaren Mantel für den Bürgermeister fertig nähen, den er selbst zu
vollenden nicht mehr schaffte.

Die Zusammenarbeit mit dem Verlag F. Warne & Co. bringt Beatrix
auch in engen Kontakt mit Norman, dem jüngsten der Brüder Warne.
1905 verlobt sie sich heimlich mit ihm, obwohl ihre Eltern von einer
Eheschließung nichts wissen wollen – ein Verleger scheint ihnen
nicht sozial ebenbürtig zu sein. Sie leistet erstmals energischen Widerstand gegen die Eltern, doch kurz vor der Hochzeit stirbt der
Bräutigam, und Beatrix trauert lange. Nur im Schreiben und Zeichnen kann sie ein wenig Trost finden. Die Erinnerung an die geliebte
Landschaft im Norden bewegt sie dazu, Hill Top, eine Farm in Sawrey
nahe Windermere, zu kaufen, und nun verbringt sie ihr Leben teils
auf dem Land und teils in London. Inzwischen ist sie zur Erfolgs-

autorin geworden, die in ihren Büchern die Menagerie ihrer Kindheit für andere Kinder neu erstehen lässt. Mäuse, Enten, Schweinchen und viele andere Tiere bevölkern nun die Phantasie der Kinder in vielen Ländern, denn die Werke von Beatrix Potter werden in zahlreiche Sprachen übersetzt. Diese Übersetzungen begleitet sie sehr kritisch, denn gerade die Einfachheit der Texte macht ihre Übertragung in fremde Sprachen so schwierig; besonders auffällig ist das bei den Namen der Tiere: Die englische Jemima Puddle-Duck erscheint viel »tierischer« als die deutsche Jemima Pratschel-Watschel. Auch wenn ihre Geschöpfe menschlich anmuten, in Kleider gewandet sind und alltäglichen Beschäftigungen wie Kochen und Waschen nachgehen, so sind es doch immer Tiere, deren Erlebnisse tierisches Verhalten im Konflikt mit Menschen darstellen. Peter Hase muss vor dem Bauern flüchten, in dessen Garten er Salat und Möhren räubert, obwohl die Mutter ihn ermahnt hat und ihn zur Abschreckung an das Schicksal des Vaters erinnerte, der in einer Hasenpastete endete. Die kindlichen Leser erfahren hier nicht nur die erbarmungslose Realität, vor der sie gewarnt werden, sondern erhalten auch Trost durch die Niedlichkeit der Erzählung. Der Erfolg der Bücher von Beatrix Potter mag mit darin begründet sein, dass sie sich nicht nur die Erinnerungen an ihre Kindheit bewahrte, sondern vor allem das Wissen um die Wünsche und Vorlieben des Kindes, das sie einmal war.

Die wohlhabende Frau, die sie mittlerweile geworden ist, erfüllt sich Wünsche, die vielleicht auch noch aus der Kindheit herrühren: Nach Hill Top erwirbt sie im Laufe der Zeit weitere landwirtschaftliche Betriebe. Der Rechtsanwalt William Heelis, der ihr bei diesen Käufen hilft, wird ihr Berater, Gesprächspartner und 1913 – wieder nach langen Kämpfen mit den Eltern – ihr Ehemann. Das Paar zieht endgültig nach Sawrey, und Beatrix Potter wird Farmerin; die Buchproduktion wird nur noch in einem sehr geringen Ausmaße aufrechterhalten. Stattdessen züchtet sie Herdwick-Schafe, eine spezielle, für die Grafschaft Cumbria typische Rasse, gewinnt damit einige Preise und ist glücklich mit ihrem Mann und den Tieren, die sie jetzt kaum noch zeichnet, sondern lieber füttert. Das Alter macht ihr zunehmend zu schaffen, denn das Augenlicht lässt nach und die Glieder schmerzen bei der Feldarbeit; trocken merkt sie an, dass dieser Lebensab-

Buchladen für Kinder

schnitt nur noch Langsamkeit, Erfahrung und Gewicht bringe, doch auch das erträgt sie geduldig. Als der Krieg ausbricht, wird das Leben auch auf dem Lande härter. Im Dezember 1943 stirbt sie; ihre Asche wird in der Nähe von Sawrey verstreut.

*

In Geschichten für Kinder trifft man häufig auf Tiere, und merkwürdigerweise ist der Lieblingsheld von vielen Autoren wie auch vielen Lesern meist ein Hase oder ein Kaninchen – die literarische Zoologie nimmt es da nicht so genau. Ist es bei Beatrix Potter der »naughty Peter Rabbit«, so sind es bei Enid Blyton in einem ihrer Bücher Binkle und Flip, die »bad Bunnies«. Und auch J. K. Rowling berichtet, dass sie eine ihrer ersten Erzählungen einem Kaninchen gewidmet habe. Vielleicht sind dies die Folgen, die der Auftritt des weißen Kaninchens im Kinderbuch-Klassiker ALICE IM WUNDERLAND bei den kleinen Leserinnen ausgelöst hat. Von den Werken Enid Blytons sind allerdings nur wenige märchenhaft oder gar skurril, die meisten sind in einer Realität angesiedelt, die der Abenteuerlust und den speziellen

Interessen des kindlichen Publikums gerecht zu werden versucht, und das hat sicherlich mit dem Werdegang der Autorin zu tun.

Enid Blyton wurde 1897 in Süd-London geboren, und die Familie zog bald nach Beckenham ins ländliche Kent – eine Gegend, die inzwischen zu Greater London gehört. Enid war eine fleißige, aufgeweckte Schülerin mit hervorragenden Leistungen. Von klein auf wollte sie Schriftstellerin werden, so berichtet sie in ihren Erinnerungen, und schon früh beginnt sie Proben ihrer literarischen Bemühungen an Zeitschriften und Verlage zu senden, ohne dass mehr als ein Gedicht gedruckt wurde. Ihre Mutter sah in diesen Aktivitäten eine fruchtlose Zeitverschwendung und ermunterte ihr Kind nicht; vielleicht war dies einer der Gründe, warum sich Enid später völlig von ihrer Mutter abwandte. Allerdings war die häusliche Harmonie schon früh gestört, als sich die Eltern nach vielen Streitereien trennten – für Enid eine traumatische Erfahrung. Nach der Schule absolviert sie eine Ausbildung zur Lehrerin, um den Kindern, für die sie schreiben möchte, nahe zu sein und deren Gedanken, Wünsche und Neigungen kennenzulernen. Da Pädagogen dazu neigen, dauernd zu dozieren und zu erziehen, besteht die Gefahr, dass sie es auch in den Büchern tun, die sie schreiben. Solche Bücher mögen Erwachsenen vorbildhaft erscheinen, für Kinder sind sie nur langweilig – kein Kind liest mit geröteten Wangen und einer Taschenlampe ein belehrendes Buch unter der Bettdecke. Glücklicherweise versteht es Enid Blyton fast immer, diesen Tonfall zu vermeiden.

Anfangs erstellt sie Materialien für den Unterricht und verfasst Artikel für THE TEACHER'S WORLD, die angeblich den Unterricht an vielen Schulen im Vereinigten Königreich grundlegend verbessern. Doch mit Büchern für Pädagogen wäre Enid Blyton nicht die außerordentlich erfolgreiche Autorin mit riesigen Auflagen geworden, der erst J. K. Rowling Konkurrenz machen konnte. Zunächst schreibt sie kurze Erzählungen und andere Texte, die in dem von ihr herausgegebenen Magazin SUNNY STORIES erscheinen. Hier entsteht eine enge Beziehung zu den jungen Leserinnen und Lesern, die sie noch mit einem wöchentlichen LETTER TO CHILDREN verstärkt, in dem sie

von ihren täglichen Erlebnissen in ihrer Familie, mit ihren Kindern und dem Hund berichtet. Sie hat 1924 zum ersten Mal geheiratet, und in der Ehe wurden zwei Mädchen geboren. Während Enid Blyton in den Erinnerungen der einen Tochter die liebevolle, fürsorgliche Mutter ist, erscheint sie in der Rückschau der anderen nur als kalt und distanziert. Doch davon erfährt ihr Publikum damals nichts – ein Publikum, das möglichst viel von einer Autorin wissen möchte, die in schneller Abfolge die spannendsten Abenteuerbücher und die interessantesten Internatsgeschichten veröffentlicht. Und was Kinder am liebsten mögen: Immer sind es Serien, was dazu führt, dass die Leser nach der Beendigung des einen Bandes schon sehnsüchtig auf den nächsten warten.

Die umfangreichste und vermutlich auch in aller Welt am meisten gelesene Serie ist die der FÜNF FREUNDE, die auf Englisch THE FAMOUS FIVE heißt, was die Bedeutung der kindlichen Helden für das junge Publikum noch unterstreicht. Bücher mit Titeln wie FÜNF FREUNDE AUF GEHEIMNISVOLLEN SPUREN, FÜNF FREUNDE JAGEN DIE ENTFÜHRER oder FÜNF FREUNDE ALS RETTER IN DER NOT sind richtiges »Lesefutter«, von dem man nicht genug bekommen kann. Zwischen 1942 und 1966, in Deutschland natürlich erst nach dem Kriege, erscheinen mehr als 20 Bände, jeder in hoher Auflage. Aber es ist nicht nur das Element von Spannung und Abenteuer, das Kinder zu diesen Büchern greifen lässt. Die fünf Freunde – zwei Jungen, zwei Mädchen, vom Hunde ganz zu schweigen – haben zwar alle eine liebevolle Familie im Hintergrund, doch bei ihren zum Teil gefährlichen Erlebnissen sind sie auf sich allein gestellt, agieren überlegt und mutig, wie es viele Erwachsene kaum könnten, helfen den Bedrängten und überführen Verbrecher, um sie dann mit großer Geste der Polizei zu übergeben. Bei der Lektüre solcher Bücher vergessen Kinder, dass im Hintergrund die Mutter wieder einmal über das unaufgeräumte Zimmer oder die nicht gemachten Hausaufgaben schimpft. Und obendrein hat man endlich jene Kameraden, die man sich schon immer wünschte und die einen aus der Einsamkeit des Kinderzimmers in die Gemeinschaft von Gleichaltrigen locken.

Die meisten Erzählungen von Enid Blyton spielen im England der fünfziger und sechziger Jahre und sind in der Darstellung von Gesellschaft, Schule, Autoritäten und Gemeinschaftsleben entsprechend zeitbezogen. Doch spätere Leser sahen vor allem das autoritäre Verhalten der Erwachsenen und das angepasste der Kinder, und dies wurde der Autorin nach ihrem Tode – sie starb 1968 – als mangelnde politische Korrektheit zum Vorwurf gemacht. Vermutlich hätte sie darauf so reagiert wie auch sonst auf kritische Einwände, denen sie entgegenhielt, sie würde nur auf Kritiker hören, die nicht älter seien als zwölf Jahre.

*

Wann ist eine Kinderbuchautorin gut? Nach allgemeinem Verständnis zumindest dann, wenn sie viele Leserinnen und Leser hat. Und wann ist sie sehr gut? Wenn sie viele Kinder, die sonst kaum jemals ein Buch aufgeschlagen hätten, zum Lesen motiviert. J. K. Rowling verdient beide Prädikate: Nicht nur haben ihre Bücher exorbitant hohe Auflagen, sondern wichtig ist vor allem, dass sie durch die Erzählungen der magischen Abenteuer des Zauberlehrlings Harry Potter unzählige Kinder und Jugendliche dazu gebracht hat, dem jeweils nächsten Band der Serie mit der Fortsetzung der Erlebnisse von Harry und seinen Freunden Ron und Hermione entgegenzufiebern. Auch wenn anders als bei den FÜNF-FREUNDE-Büchern nur eine Person auf dem Titel hervorgehoben wird, so ist es doch die verschworene Gemeinschaft dreier Freunde, die für den jungen Leser und die junge Leserin ein entsprechendes Identifikationsangebot bereithält. Und da die Romane alle in einem Internat spielen, wird auch noch das beliebte Jugendbuchgenre »Schulgeschichten« vorgeführt.

In einem Film, in dem der Regisseur James Runcie J. K. Rowling ein Jahr begleitet und dabei ein vielleicht sogar authentisches, sicher aber anrührendes Bild der Autorin vermittelt, sagt sie etwas Bezeichnendes über ihre literarische Tätigkeit: Schreiben sei für sie außerordentlich wichtig – sie liebt es und sie braucht es. Schon als Kind habe sie sich nichts sehnlicher gewünscht, als eine Autorin zu sein. Sie beginnt mit kleinen Erzählungen, bis ihr eines Tages auf einer Zugfahrt die Idee zu der »Biografie« von Harry Potter kommt. Und das ist nicht nur der Anfang einer Erfolgsgeschichte, sondern auch der eines Märchens mit einem außergewöhnlichen Happy End.

Joanne Rowling wird 1965 in einem kleinen Ort in Gloucestershire geboren und wächst mit einer Schwester, der sie ihre Geschichten erzählt, behütet in einer kleinen Familie auf. Sie studiert in Exeter, geht nach Paris, dann als Lehrerin nach Portugal, heiratet, bekommt ein Kind und wird geschieden. Zurück auf der Insel, zieht sie nach Edinburgh, wo sie mit ihrer Tochter in finanziell sehr bedrängten Verhältnissen lebt. Aber der Wille zu schreiben, endlich ihr Werk fertigzustellen, gibt ihr Energie und sicherlich auch Gefühle des Glücks. Ihr erstes Manuskript wird von vielen Verlagen abgelehnt, bis ihr Agent schließlich Erfolg hat: Der Tag, an dem sie die Nachricht von der Annahme ihres Romans erhält, zählt zu den glücklichsten ihres Lebens. Vor der Veröffentlichung macht ihr der Verlag aber noch die Auflage, statt ihres Vornamens Initialen zu verwenden, denn ihr Buch scheint dem Lektor vor allem für Jungen geeignet zu sein und die würden einen weiblichen Autor nicht akzeptieren. Die wenigen Exemplare der Erstauflage sind schnell vergriffen; bald werden die Auflagen in Millionen berechnet. Die Geschichte von Harry Potter hat inzwischen die ganze Welt erreicht. In vielen Ländern lesen Kinder, Jugendliche und Erwachsene über die Erlebnisse des Waisenjungen, der bei herzlosen Verwandten aufwächst, ohne anfangs zu wissen, dass seine ermordeten Eltern Zauberer waren. Doch eines Tages erfährt er von seiner Herkunft und wird in die Zauberwelt eingeführt, um sich in Hogwarts, dem Spezialinternat für Lehrlinge der Zauberei, ausbilden zu lassen und später einmal den Mörder der Eltern zu stellen. Im siebten, dem letzten Band, HARRY POTTER UND DIE HEILIGTÜMER DES TODES, gelingt es ihm – natürlich. Und auch J. K. Rowling zaubert – ein wenig. Sie nutzt ihren Reichtum, um wohltätige Stiftungen zu gründen, alleinstehenden Müttern zu helfen und eine Art »Engel außerhalb des Hauses« zu werden.

Vielleicht ist das »Glück des Schreibens« bei Kinderbuchautorinnen etwas Besonderes. Ihr Erfolg misst sich nicht nur an guten Kritiken,

Seite 176: J. K. Rowling
Seite 178/179: Kreuzgang in der Kathedrale von Gloucester, Drehort für die Harry-Potter-Verfilmung

hohen Auflagen und dem Ruhm bei den Zeitgenossen und in der Nachwelt. Wer kleinen Kindern vom Hasen Peter vorgelesen hat, wer mit größeren Kindern die fünf Freunde auf ihren Abenteuern begleitete, wer an einem der Tage, an dem ein neuer HARRY POTTER in die Buchläden kam, das Mädchen sah, das gerade strahlend ihren Band in Empfang genommen hatte und nun – noch im Laden – selbstvergessen in einer Ecke zu lesen begann, der ahnt, welches Glück Beatrix Potter, Enid Blyton und J. K. Rowling zu vermitteln mochten. Und das ist ein spezielles Happy End.

# Ausgewählte Literatur

Austen, Jane: Werke in Einzelausgaben. München 1993 ff.

Blyton, Enid: Fünf Freunde ... (verschiedene Titel). München 2006 ff.

Brontë, Anne: Werke in Einzelausgaben. Frankfurt am Main 1993 ff.

Brontë, Charlotte: Werke in Einzelausgaben. Frankfurt am Main 1997 ff.

Brontë, Emily: Sturmhöhe. München 1997

Cartland, Barbara: Werke in Einzelausgaben. Bergisch Gladbach 1990 ff.

Christie, Agatha: Werke in Einzelausgaben. Frankfurt am Main 2004 ff.

Du Maurier, Daphne: Werke in Einzelausgaben. München 1993 ff.

Eliot, George: Werke in Einzelausgaben. Ditzingen 1983 ff.

Hall, Radclyffe: Quell der Einsamkeit. Berlin 1991

James, P. D.: Werke in Einzelausgaben. München 2001 ff.

Mitford, Nancy: Werke in Einzelausgaben. Reinbek bei Hamburg 1991 ff.

Murdoch, Iris: Werke in Einzelausgaben. Wien 1998 ff.

Pilcher, Rosamunde: Werke in Einzelausgaben. Reinbek bei Hamburg 2003 ff.

Potter, Beatrix: Werke in Einzelausgaben. Düsseldorf 2002 ff.

Rowling, J. K.: Werke in Einzelausgaben. Hamburg 1998 ff.

Sackville-West, Vita: Werke in Einzelausgaben. München 1998 ff.

Sayers, Dorothy L.: Werke in Einzelausgaben. Reinbek bei Hamburg 1998 ff.

Spark, Muriel: Werke in Einzelausgaben. Zürich 1990 ff.

Winterson, Jeanette: Werke in Einzelausgaben. Berlin 2001 ff.

Woolf, Virginia: Gesammelte Werke. Frankfurt am Main 1991 ff.

Ackroyd, Peter: Albion. The Origins of the English Imagination. London 2002

Amrain, Susanne: So geheim und vertraut. Virginia Woolf und Vita Sackville-West. Frankfurt am Main 2001

Austen-Leigh, J. E.: A Memoir of Jane Austen and Other Family Recollections. Oxford 2002

Baker, Michael: Our Three Selves. A Life of Radclyffe Hall. London 1985

Barker, Juliet: The Brontës. London 2001

Bayley, John: Elegie für Iris. München 2002

Berg-Ehlers, Luise: Die Gärten der Virginia Woolf. Berlin 2004

Briggs, Julia: Virginia Woolf. An Inner Life. London 2006

Canetti, Elias: Party im Blitz. Die englischen Jahre. Frankfurt am Main 2005

Cartland, Barbara: We Danced all Night. London 1973

Christie, Agatha: Meine gute alte Zeit. Die Autobiographie einer Lady. Bern/ München/Wien 1977

Conradi, Peter J.: Iris Murdoch. Ein Leben. Wien 2002

Denyer, Susan: Die Welt der Beatrix Potter. Berlin 2000

Dolin, Tim: George Eliot (Authors in Context). Oxford 2005

Dooley, Gillian (Hrsg.): From a Tiny Corner in the House of Fiction. Conversations with Iris Murdoch. Columbia 2003

Du Maurier, Daphne: Mein Cornwall. Schönheit und Geheimnis. Frankfurt am Main 1999

Forster, Margaret: Daphne du Maurier. Ein Leben. Zürich/Hamburg 1994

Gaskell, Elisabeth: Das Leben der Charlotte Brontë. München 1997

Glen, Heather (Hrsg.): The Cambridge Companion to the Brontës. Cambridge 2004

Glendinning, Victoria: Vita Sackville-West. Eine Biographie. Frankfurt am Main 1994

Hall, Radclyffe: Deine John. Die Liebesbriefe der Radclyffe Hall. Dortmund 1999

Handley, Graham: George Eliot's Midlands: Passion in Exile. London 1991

Heald, Tim: A Life of Love. Barbara Cartland. London 1994

Hughes, Kathryn: George Eliot. The Last Victorian. London 1999

Ingham, Patricia: The Brontës (Authors in Context). Oxford 2006

James, P. D.: Zeit der Ehrlichkeit. München 2001

Lane, Margaret: The Tale of Beatrix Potter. London 1985

Lee, Hermione: Virginia Woolf. Ein Leben. Frankfurt am Main 1999

Le Faye, Deirdre: Jane Austen und ihre Zeit. Berlin 2002

Lovell, Mary S.: The Mitford Girls. The Biography of an Extraordinary Family. London 2004

Makinen, Merja: The Novels of Jeanette Winterson. New York 2005

Maletzke, Elsemarie: Das Leben der Brontës. Frankfurt am Main 1992

Maletzke, Elsemarie: George Eliot: ihr Leben. Frankfurt am Main 1993
Maletzke, Elsemarie: Jane Austen. Eine Biographie. Frankfurt am Main 1997
Miller, Lucasta: The Brontë Myth. London 2002
Mitford, Jessica: Hons and Rebels. London 2000
Mitford, Nancy: Noblesse Oblige. Böse Gedanken einer englischen Lady. Hrsg. von Reinhard Kaiser. Frankfurt am Main 1995
Mosley, Charlotte (Hrsg.): The Mitfords. Letters Between Six Sisters. London 2007
Nicolson, Nigel (Hrsg.): Vita & Harold. The Letters of Vita Sackville-West & Harold Nicolson 1910–1962. London 1993
Nicolson, Nigel: Virginia Woolf. München 2001
Reynolds, Barbara: Dorothy L. Sayers. Her Life and Soul. London 1998
Shattock, Joanne (Hrsg.): Women and Literature in Britain 1800–1900. Cambridge 2001
Smith, Sean: Die Schöpferin von Harry Potter. Das Leben der J. K. Rowling. Hamburg 2002
Souhami, Diana: The Trials of Radclyffe Hall. London 1998
Spark, Muriel: Curriculum vitae. Selbstportrait der Künstlerin als junge Frau. Zürich 1994
Spark, Muriel: In sturmzerzauster Welt. Die Brontës. Zürich 2003
Steinbach, Susie: Women in England. 1760–1914. A Social History. London 2004
Stevens, Michael: V. Sackville-West. A Critical Biography. New York 1974
Stoney, Barbara: Enid Blyton. London 1974
Thompson, Laura: Life in a Cold Climate. Nancy Mitford. The Biography. London 2004
Thompson, Laura: Agatha Christie. An English Mystery. London 2007
Tomalin, Claire: Jane Austen. A Life. London 2000
Weldon, Fay: Briefe an Alice oder Wenn du erstmals Jane Austen liest. Reinbek bei Hamburg 1987
Whitworth, Michael: Virginia Woolf (Authors in Context). Oxford 2005
Woolf, Leonard: Mein Leben mit Virginia. Frankfurt am Main 1988

# Bildnachweis

akg-images S. 48; Archiv Luise Berg-Ehlers S. 55, 65; Gannma/laif S. 123; Hulton-Deutsch Collection/CORBIS S. 78; Rune Hellestad/ CORBIS S. 161; Jane Austen House, Chawton S. 2, 12; Russell/Getty Images S. 96; Ullstein Bild S. 62; Ullstein Bild – dpa S. 138; Ullstein Bild – Granger Collection S. 112, 147, 155; Ullstein Bild – Pokledowski S. 107; Ullstein Bild – Thomas & Thomas S. 135; Ullstein Bild – Top-Foto S. 128, 132, 166; Ullstein Bild – Ullstein Bild S. 30, 91, 173; Ullstein Bild – Zapf S. 176

Alle weiteren Fotografien stammen von Luise Berg-Ehlers (S. 76/77: Courtesy of the Trustees of the British Museum; S. 85: Courtesy of the National Trust).

# Danksagung

Die Autorin ist folgenden Institutionen zu Dank verpflichtet: Jane Austen House, Chawton • Virginia Woolf Society of Great Britain • Dorothy L. Sayers Society • Brontë Society, Haworth • British Library, London • Charleston Trust, Firle • National Trust

Ferner bedankt sie sich herzlich bei Diethelm Kaiser, Nicolai Verlag, Berlin, für kritische und humorvolle Begleitung sowie intensive Betreuung; bei Günter Pfannenstein, Foto-Hamer, Bochum, für Rat und Unterstützung in allen Fotofragen; bei Jutta Schreiber, Bochum, für vielfältige Hilfe und nimmermüden Beistand.